만화로 배우는
요리의 역사

만화로 배우는 요리의 역사

초판 1쇄 발행 2022년 10월 25일

지은이 브누아 시마 / **그림** 스테판 두에 / **옮긴이** 김모

펴낸이 조기흠
기획이사 이홍 / **책임편집** 최진 / **기획편집** 이수동, 이한결
마케팅 정재훈, 박태규, 김선영, 홍태형, 김예인, 임은희 / **제작** 박성우, 김정우
교정교열 책과이음 / **디자인** 이슬기

펴낸곳 한빛비즈(주) / **주소** 서울시 서대문구 연희로2길 62 4층
전화 02-325-5506 / **팩스** 02-326-1566
등록 2008년 1월 14일 제 25100-2017-000062호
ISBN 979-11-5784-626-9 03900

이 책에 대한 의견이나 오탈자 및 잘못된 내용에 대한 수정 정보는 한빛비즈의 홈페이지나
이메일(hanbitbiz@hanbit.co.kr)로 알려주십시오. 잘못된 책은 구입하신 서점에서 교환해드립니다.
책값은 뒤표지에 표시되어 있습니다.

⌂ **hanbitbiz.com** ◼ **facebook.com/hanbitbiz** ◼ **post.naver.com/hanbit_biz**
▶ **youtube.com/한빛비즈** ◼ **instagram.com/hanbitbiz**

L'Incroyable histoire de la cuisine by Benoist Simmat and Stéphane Douay
Copyright ⓒ Les Arènes, Paris, France, 2021.
All rights reserved.
Korean Translation Copyright ⓒ Hanbit Biz, inc., 2022.
This Korean Edition is published by arrangement with Les Arènes, France through Milkwood Agency, Korea.
이 책의 한국어판 저작권은 밀크우드 에이전시를 통한 저작권자와의 독점 계약으로 한빛비즈(주)에 있습니다.
저작권법에 의해 보호를 받는 저작물이므로 무단 복제 및 무단 전재를 금합니다.

지금 하지 않으면 할 수 없는 일이 있습니다.
책으로 펴내고 싶은 아이디어나 원고를 메일(hanbitbiz@hanbit.co.kr)로 보내주세요.
한빛비즈는 여러분의 소중한 경험과 지식을 기다리고 있습니다.

만화로 배우는
요리의 역사

선사시대 불의 요리부터 오늘날 비건까지,
요리의 위대한 진화

글 브누아 시마 | **그림** 스테판 두에 | **번역** 김모

서문

세상에서 가장 오래된 이야기

요리의 역사는 세상에서 가장 오래된 이야기다. 그래서 5만 년의 역사를 겨우 200여 쪽짜리 만화책으로 살펴보라고 권하기 조금 민망하기도 하다.

어느 문명에서든 먼 옛날 우리 조상은 식재료를 선택하고 조리해서 저장하는 일에 상상력을 발휘해왔다. 이러한 활동 덕분에 인간은 생존을 뛰어넘어 번영할 수 있었다. 요리는 인간이 지구를 어떻게 장악해왔는지 보여주며 이 메타 역사는 불의 발견에서 비건 햄버거 등장으로 이어진다.

우리는 오래전 일어난 일을 그림으로 재구성하며, 참고한 모든 자료를 독자를 위해 각주로 실었다. 훌륭한 전문가들의 작업 덕분에 마침내 우리는 수천 년간 이어진 길고 긴 역사적 관점에서 이 놀라운 모험을 되돌아볼 수 있었다.

끝으로 이 책의 마지막을 장식하는 〈추천 레시피 모음〉이 과연 실제 쓸모가 있을지는 의문이지만 적어도 요리가 여러 시대를 거쳐 완성된 발명품이라는 사실을 보여주기에는 모자람이 없을 것이다. 식탁에서 우리는 먹는 것뿐 아니라 아는 것도 나눈다. 요리는 인간이 더불어 살아가는 사회적 동물이라는 걸 보여주는 확실한 징표다.

차례

서문	세상에서 가장 오래된 이야기	005
1장	서서히 등장한 선사시대 요리	009
2장	위대한 초기 문명의 식탁	029
3장	그리스에서 로마를 거쳐 프랑스로 이어진 요리 열정	061
4장	동양의 요리 여정	091
5장	유럽 궁정 요리	117
6장	새로운 세계	149
7장	부르주아 혁명 1: 식도락	167
8장	부르주아 혁명 2: 자본의 요리	181
9장	가벼운 요리의 시대	197
추천 레시피 모음		215
참고문헌		238

1장

서서히 등장한 선사시대 요리

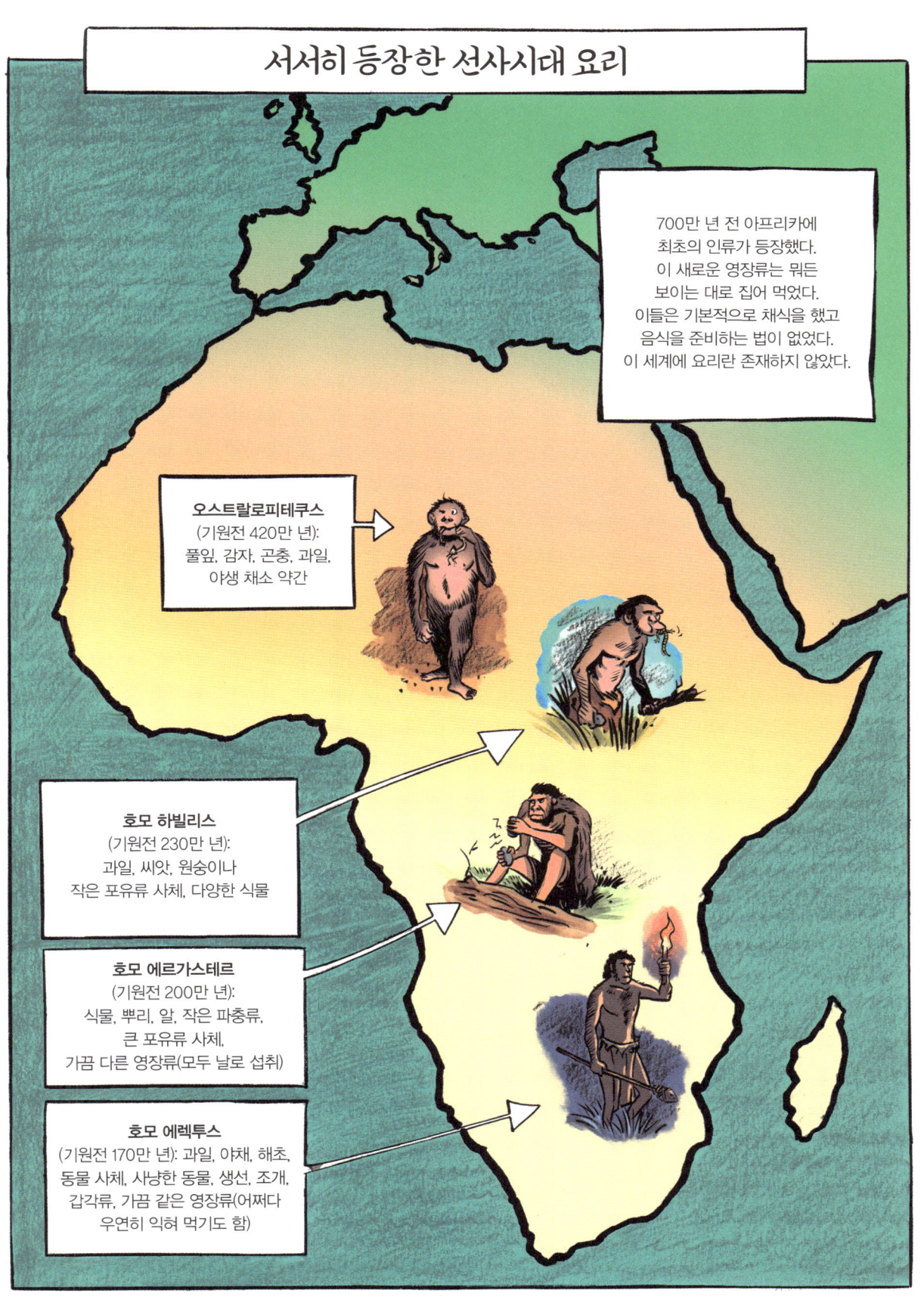

호모 사피엔스의 직계 조상인 호모 에렉투스는 아프리카를 떠나 세계 정복에 나섰다.
이들은 원시 언어를 구사하며 우연히 불을 발견해 음식을 익혀 먹기 시작했다.

얼른 달려! 곰 스테이크 해 먹자!

좋아, 날고기라면 이제 아주 지긋지긋해!

눈발은 장관이지만 굶어 죽을 듯…

다행히 이 추위에 적응한 동물이 있어 망정이지.

다 떨어지면 다음은 네 차례야!

70만 년 전, 갑자기 지구가 얼어붙었다. 호모 에렉투스가 생존을 위해 고기를 먹고 육식 동물에 가까워지면서 더 많은 고기가 필요해졌다.

이때부터 어쩔 수 없이 고약한 식인 풍습이 널리 퍼져나갔다.

기원전 25만 년 무렵, 유럽 대륙에서는 호모 에렉투스가 사라지고[1] 건장하고 추위에 강한 새로운 유인원이 등장했다. 호모 에렉투스의 먼 사촌인 네안데르탈인은 역사상 최초의 '육식파'였다!

우리 식단은 80퍼센트 이상이 고기야. 매머드, 털코뿔소, 사슴, 말, 순록… 고기는 크면 클수록 좋지!

많이 먹으려고 점점 더 교묘한 사냥 기술을 개발하고 있어.

돌고래랑 물고기도 잡을 수 있고!

그래도 아직 초밥은 무리야. 너무 앞서가진 마!

인류 최초로 얼어붙은 땅에 식량도 차곡차곡 비축하고 있지.

1. 아시아 대륙에는 기원전 13만 년 무렵까지 살았다.

1. 최초 발굴자 이름을 따서 명명. 스페인 바르셀로나 근처에 있다.
2. 스펠레오뎀. 석회 동굴에 형성된 퇴적 지형이다.
3. 네안데르탈인은 기원전 3만 2천 년, 지금의 크로아티아에 마지막 흔적을 남기고 사라졌다.

우리의 직계 조상으로 잘 알려진 호모 사피엔스의 경우는 좀 다르다! 마찬가지로 아프리카 대륙에 처음 등장해[1] 유럽에 차차 자리 잡은 뒤 모든 대륙으로 뻗어나갔다.[2] 수만 년 동안 호모 사피엔스는 다양한 영장류와 어울려 살았다.

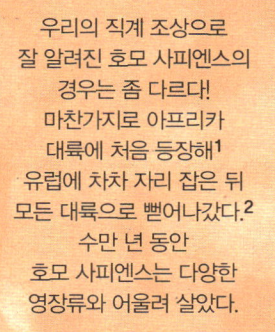

내가 바로 세상의 주인이다!

대장, 그것 좀 이른 듯… 이 동네에 아직 네안데르탈인이 남아 있다고요.

데니소바인도 있고…

플로레스인도 있고요.

호모 사피엔스의 식단은 이들이 선사시대에 살아남을 수 있었던 결정적 요인이었다. 이들은 잡식성으로 체형에 딱 알맞은 식단을 꾸려 필요한 만큼만 칼로리를 섭취했다.

넌 나랑 참 달라서 좋아.

이쪽이 우리 아들입니다. 네안데르탈인 여성과 비교했을 때 뼈대가 가늘고 엉덩이가 작으며 몸집이 우락부락하기보다 여리여리하죠. 우리는 덜 먹고 더 생각하며 산답니다!

1. 기원전 30만 년에 오늘날 모로코에 등장했다.
2. 기원전 17만 년 무렵, 호모 사피엔스는 중동을 거쳐 유럽에 왔다.

1. 사피엔스의 이전 이름. 주로 후기 구석기시대 사람을 지칭한다.

1. Âge de pierre, âge d'abondance. (한국어판: 《석기시대 경제학》, 한울, 2014)

신석기인은 농작물을 재배해 제일 적합한 밀로 빵을 만들었다.
아직 효모가 없었기 때문에 빵은 간이 맞는 팬케이크 형태에 가까웠다.

우리 시대 요리법은 매우 간단해요. 우선 밀을 가능한 한 곱게 가루 내고…

이 가루에 물, 소금 약간 또는 성 소피아 허브[1] 같은 양념을 넣고 반죽하면 끝이죠.

말은 쉽지, 쉬워…

동물도 본격적으로 기르기 시작하면서 현대인의 식생활에 가까워졌다. 채집과 사냥은 여전히 계속되었지만 이 활동에 식생활을 크게 의존하지는 않았다.

키우기 쉽게 작은 애들끼리 교배해보자고.

이 동물 진짜 귀엽지 않아? 한번 길러볼까?

그래, 깔려 죽는 일도 면할 겸.

뭐래!

돼지

선사시대 소

염소

좀 크면 잡아먹기로 했잖아!

양

1. 재쑥. 중동 어디서나 구하기 쉬운 풀이다.

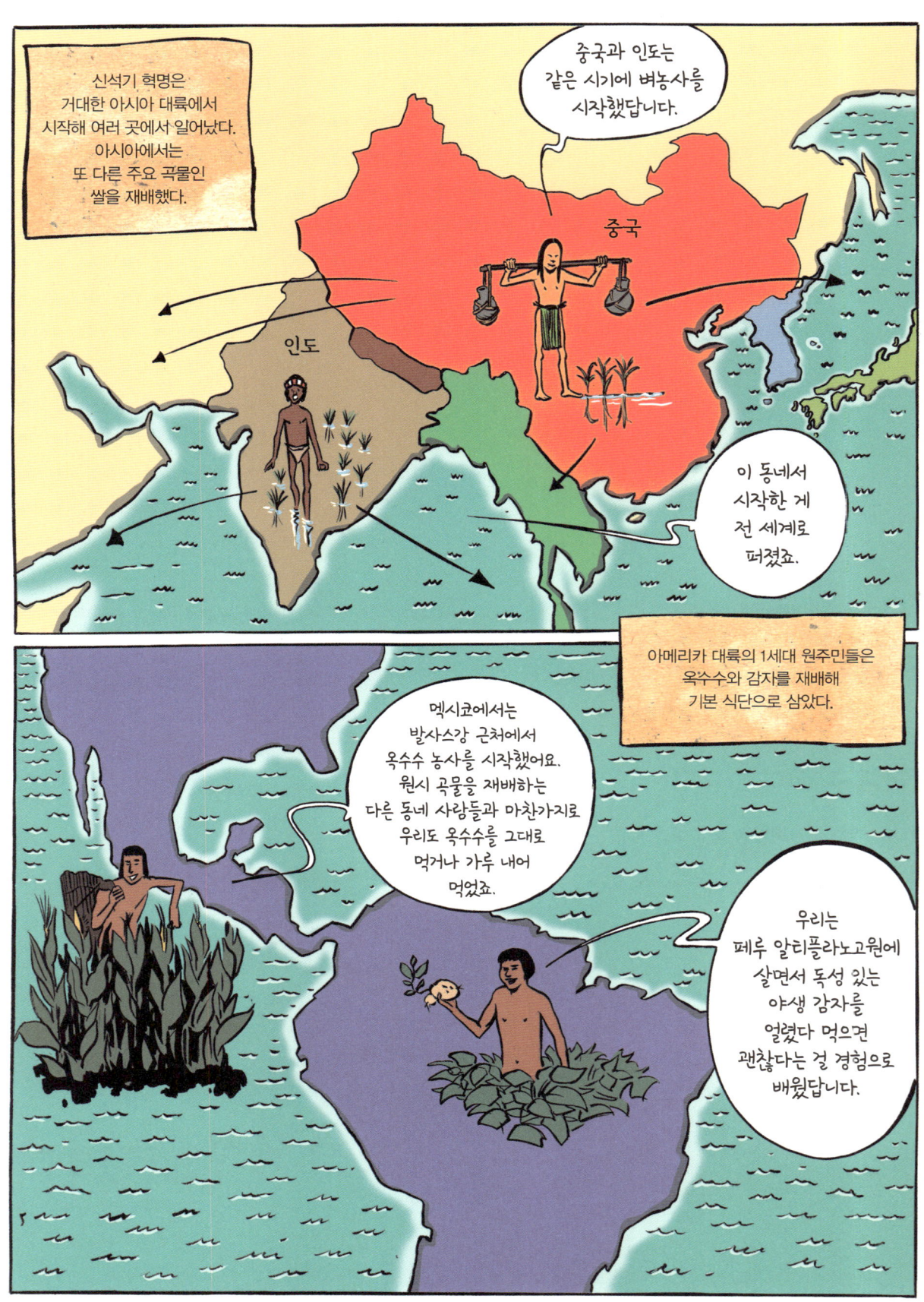

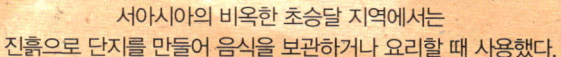

서아시아의 비옥한 초승달 지역에서는 진흙으로 단지를 만들어 음식을 보관하거나 요리할 때 사용했다.

일본에서는 이미 식량이나 음식을 만들어 교환할 때 항아리를 썼다.

곡물 씨앗을 말리거나 볶아서 단지에 보관하면 해충 피해를 막을 수 있죠.

항아리가 생겨 옆 동네에 쌀이나 막 요리한 따끈한 곡물죽을 가져다주기 편해졌어요. 요즘 항아리 인기가 어마어마하답니다.

아메리카 대륙에서는 도기를 뒤늦게 사용하기 시작했다. 도자기의 등장으로 부족 간 요리 정보 교환이 활발해지면서 유서 깊은 아메리카 인디언 식도락이 시작됐다.

농사와 보관 용기의 출현은 요리 세계에 또 다른 근본적인 변화를 불러왔다. 곡물을 요리하면서 인간은 소금이 필요해졌다. 역사가 기록되기도 전에 소금은 세계인의 가장 중요한 양념으로 등극했다.

코코아콩을 쪄서 약이나 양념으로 쓴답니다. 고추랑 같이 먹으면 맛있는 건 이미 다들 잘 알죠.

자네도 알다시피 신께서 우리에게 농작물과 음식을 주셨지만 익힐 때 재료에서 염분이 다 빠져나가서 원. 생고기랑 달리, 익히면 다 싱거워져.

뭔 소리인지 모르겠지만 죽이 싱겁다 이거지? 바닷가에 가서 소금 좀 가져올게.

2장

위대한
초기 문명의 식탁

이곳 수메르에서는 신에게 하루 네 끼를 바치는 전통이 있답니다.

차츰 도시 유명 인사를 이 식사 자리에 초대해 함께 먹었죠.

1세대 메소포타미아인도 인류의 오랜 전통인 연회를 즐겼다. 이 단체 식사는 원래 신을 위해 마련한 자리였지만 점차 귀한 손님을 불러 모으는 자리가 되었다.

왕은 지역 인사나 이웃 도시국가의 사신을 초대해 연회를 주최했다. 이러한 행사는 점점 더 사치스럽게 변해가며 메소포타미아 정치 생활을 대변했다.

왕부터 식사를 시작하는데[1] 외국에서 온 중요한 손님이 없다면 왕 혼자 상석을 차지한답니다.

여기서 간이나 비장 같은 부속 고기, 비둘기 파이, 순대, 거위 피로 만든 수프를 지칠 때까지 함께 먹는답니다. 물론 전부 시늉을 쳐서 먹지요!

1. 이러한 특권은 프랑스 왕실에서도 이어졌다. 1974년 프랑스 대통령으로 취임한 지스카르 데스탱은 관저에서 이러한 관습을 부활시켰다.

시간이 흘러 메소포타미아의 연회는 대형 행사로 변해 백성도 함께 누리게 되었다. 국왕 아슈르나시르팔 2세(기원전 883~859)는 새 궁전을 지은 기념으로 특권층과 칼쿠[1]에 사는 백성 모두를 상상조차 하기 힘든 규모의 연회에 초대했다. 열흘 동안 열린 이 대규모 잔치에 6만 9천574명이 다녀갔으며 소 1만 마리, 양 1만 4천 마리, 새끼 양 1천 마리, 물고기 1만 마리, 비둘기 2만 마리, 달걀 수만 개, 닭 수만 마리, 맥주 수만 단지를 준비했다고 전해진다.

조금 과장된 숫자일 수 있지만 이 기록은 요리 행사가 고대 문명사회에서 얼마나 중요한 자리를 차지했는지 잘 보여준다.

1. 서남아시아 고대 제국인 아시리아의 새 수도로, 현재의 님루드이다.

1. 오귀스트 에스코피에(1846~1935).
프랑스 요리 문화를 이끈 요리사이자 요리책 저자이다.

메소포타미아 궁전에서는 역사상 처음으로 요리법을 기록하기 시작했다.

새삼[1] 수프 만드는 법. 물에 동물성 지방, 새삼 크게 한 움큼, 다진 양파, 사미두[2], 고수, 커민, 파, 마늘을 넣고 팔팔 끓이면 완성.

천천히 좀 부르세요! 글자는 왜 발명해서 이 고생이람?!

조리법에 관한 가장 오래된 기록은 기원전 1700년에 등장했다. 이것은 설형문자인 아카드어로 남아 있는데 이 세련된 조리법은 바빌론 왕이 개최한 연회가 얼마나 화려했는지 보여준다.

예를 들어, '무'는 고기나 야채 육수에 건더기가 들어간 다채로운 요리랍니다.

연회나 생일상에 항상 올라가는 고급 요리죠. 미식가들은 여기에 양념으로 피를 추가해 먹습니다.

삶은 고기는 사람이 먹고 구운 고기는 신에게 바친다는 것도 알아두세요. 고기는 사원 제단 앞에서 바로 구워 바친답니다.

일부 고대 요리법은 동서양 식도락 문화에 여전히 남아 있다.

파이 하면 비둘기 파이죠.

정말 끝내주죠?

비둘기 파이
(미래의 파스티야)

층층 케이크
(미래의 피에스몽테)

1. 메꽃과 덩굴식물
2. 메소포타미아 지방에서 나던 양파

1. 백성에게 나눠 줄 때도 있었다.

1. 죄수보다는 노예에 가까웠다.

1. 산스크리트어로 사트빅은 균형, 지식, 진실을 뜻한다.
2. 라자식은 자극을 뜻한다.
3. 타마식은 게으름을 뜻한다.

그러나 놀랍게도 사람을 먹는 것은 금지 대상이 아니었다. 역사학자들은 세계 곳곳에서 다양한 식인 풍습을 발견했다.

아나톨리아의 히타이트 제국 장수들은 부대의 군기를 잡으려고 전쟁 포로를 주저 없이 잡아먹었다.

마야인은 사람을 제단에 바치고 제물의 일부를 먹었다.

고대 아프리카에서는 성별과 나이마다 먹을 수 있는 인육이 관습으로 정해져 있었다.

지배 계급이 기록한 역사에 따르면 불교를 숭상한 초기 중국 왕실에서는 기근이 들 때 사람을 먹기도 했다.

유럽에서는 8세기 샤를마뉴 대제 법령집에서 최초로 식인 풍습에 관한 기록을 찾아볼 수 있다.

지구 어디에서나 거의 비슷한 이야기를 찾아볼 수 있다. 오늘날 멕시코 남부인 메소아메리카에서는 올멕 문명이 번성해 독자적인 요리 문화를 남겼다.

감자만 100여 종류 됩니다. 감자를 으깨 먹고 양념해 먹고 끓여 먹기도 하죠.

하지만 튀겨 먹지는 않아요.

우린 빵을 옥수숫가루로 만들어요.

빨간 고추로 속을 채우면 아주 맛있답니다!

중앙아프리카에서는 일찌감치 기원전에 전통 요리의 기반이 갖춰져 있었다.

수수나 기장으로 전을 부치거나 가루 내서 보관한답니다.

뿔닭은 사냥감과 함께 가장 인기 있는 식재료죠.

아프리카인들은 도수가 낮은 술도 만들어 마셨다. 어디서나 적당한 음주는 즐거운 일이었다.

우리는 기장으로 맥주를 만든답니다.

대추야자술은 벌써 인기 폭발이에요.

슬슬 마감 시간을 내걸까 싶어요.

3장

그리스에서 로마를 거쳐
프랑스로 이어진 요리 열정

1. 고대 그리스 역사가 플루타르코스가 남긴 《플루타르코스 영웅전》 참고

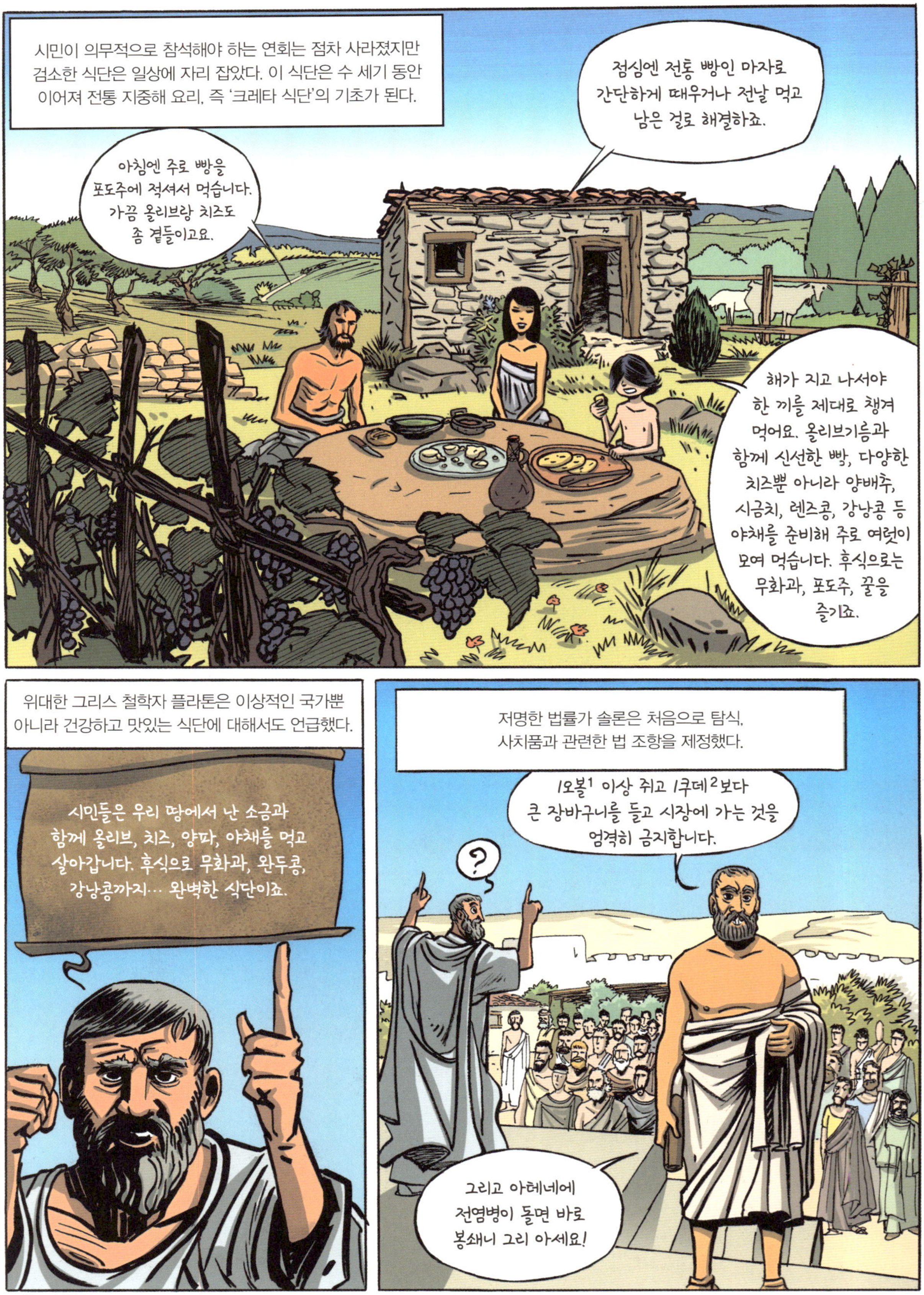

왜 이러세요, 아저씨! 왜 다들 똑똑한 피타고라스 선생님처럼 채식하지 않으시는 거죠?

가끔 신께 가축을 제물로 바치면서 우리도 약간 맛보는 정도죠.

네, 제가 공식적으로는 맨 처음 '야채주의자'라 밝혔답니다. 1세대 채식주의자랄까요.

문명 이후 역사상 처음으로 그리스 식단에서는 고기가 아주 적은 비중을 차지했다. 역사학자들에 따르면 고대 그리스에서는 한 사람이 1년간 고기를 2킬로그램 정도 먹었다.[1]

그리스인은 농장에서 고기가 아닌 치즈를 주로 얻었다.

치즈는 간단하면서도 섬세한 그리스 요리의 기본 재료다.

양, 소, 말, 물소, 당나귀, 염소젖으로 크고 둥근 치즈를 만들어봤어요.

이게 바로 모둠 치즈!

자, 남녀노소 모두 좋아하는 건강죽 '시세온' 레시피가 궁금하신 분 있나요?

"마녀 키르케는 오디세우스의 부하들을 편히 앉혀두고 치즈와 보릿가루, 꿀로 식탁을 차린 다음 아틀라스산에서 가져온 포도주에 불길한 가루를 섞었다. 사람들이 먹고 마신 뒤 더는 지상에서의 삶을 기억하지 못하도록…"[2]

1. 2017년 유럽연합에서는 1인당 고기를 80킬로그램 소비했다.
2. 호메로스의 《오디세이아》 10장에서 발췌

1. 별다른 출처 없이 전해지는 말이다.

1. 물고기와 내장을 숙성시켜 만든 짠 양념. 메소포타미아 문명에서 먹기 시작한 이 양념은 로마 시대 가룸으로 이어진다.

1. 오늘날의 스페인
2. 액체 전용 밀폐 용기

총지배인	…………	연회 감독 및 업무 분배
경비원	…………	출입구 관리
관리인	…………	무기와 전리품 담당
창고지기	…………	식재료 수급 담당
소집 시종	…………	초대장 발송, 자리 배치 및 손님맞이
시종	…………	식탁과 침대 배치
지배인	…………	연회장 식기 담당
설명 시종	…………	요리 설명
설치 시종	…………	식탁에 접시와 식기를 보기 좋게 배열
시식 시종	…………	요리가 나올 때마다 시식
시종장	…………	진행 감독
신발 시종	…………	손님이 신발을 벗고 신을 때 도움
노예	…………	화장실 도우미
귀가 시종	…………	횃불을 들어 손님의 귀가 담당
부채 시종	…………	공작 깃털로 바람 제공
조리사	…………	화덕과 조리대 담당
청소원	…………	쓸고 닦기 담당
마무리 시종	…………	연회 식탁 정리

로마인의 화려한 향연은 로마 제국의 전설로 남았다. 이렇게 먹고 즐기는 시간은 오늘날 우리가 생각하는 것보다 훨씬 체계적으로 이루어졌다. 노예들은 놀라울 만큼 다양한 직책으로 일을 나누어 전담했다.

1. 꿀과 향신료를 넣은 포도주

1. 수컷 물고기의 배 속에 있는 흰 정액 덩어리

4장

동양의 요리여정

기록이 남아 있지 않아 베두인족이 어떻게 음식을 즐겼는지 자세히 살펴보기는 어렵지만 아랍 문화 전문가들에 따르면 타리드를 비롯해 유명한 전통 아랍 요리는 이 시대에 만들어졌다.

타리드는 잔치 요리인데 야채 육수에 고깃덩어리를 넣고 끓인 다음 취향 따라 식초를 쳐서 빵을 찍어 먹어요. 여기에 시리아 포도주를 조금 곁들이면 완벽하죠!

포도주가 없으면 맥주라도…

참과 시라즈 지방[1] 포도주입니다. 일단 맛부터 보고 얘기하시죠!

오아시스 남부 포도주가 최고지…

610년 마호메트가 천사 가브리엘에게 계시를 받기 전까지 아랍인 대부분은 유대교 또는 기독교를 믿으며 알코올음료, 특히 포도주를 아라비아반도 남부에서 가져오거나 수입해 널리 즐겼다.

1. 각각 시리아와 이란

1. 훗날 등장한 양념인 페르시아의 이스피드바드와 튀니지의 하리사의 원조로 추측된다.

1. 아랍어로 '합법적인 항목'이라는 뜻이다.
2. 코란 5:90-91
3. L'Incroyable Histoire du vin. (한국어판: 《만화로 배우는 와인의 역사》, 한빛비즈, 2019)

지중해 장악에 나선 이슬람 세력은 642년 서아시아에서 가장 번성한 무역항인 알렉산드리아를 점령했다. 점령지가 늘어가면서 식생활도 점점 풍부해졌다.

페르시아에서 후추, 사프란, 계피, 정향, 소두구…

…설탕, 장미수, 꿀, 사향뿐 아니라 오렌지와 초록자몽도 들여옵니다.

뭘 그렇게 보슈?

툴루즈 / 베네치아 / 톨레도 / 로마 / 카르타고 / 아테나 / 이즈미르 / 다마스 / 알렉산드리아

아랍 상인들은 식재료가 널리 퍼지는 데 중요한 역할을 했다. 7세기 말 아랍 상인들은 '사막의 배'를 타고 동양에 초기 상업망을 구축했고, 이는 이슬람 세력의 확장과 함께 각지로 뻗어나갔다. 곧이어 이 상업망이 그 유명한 실크로드로 발전한다.

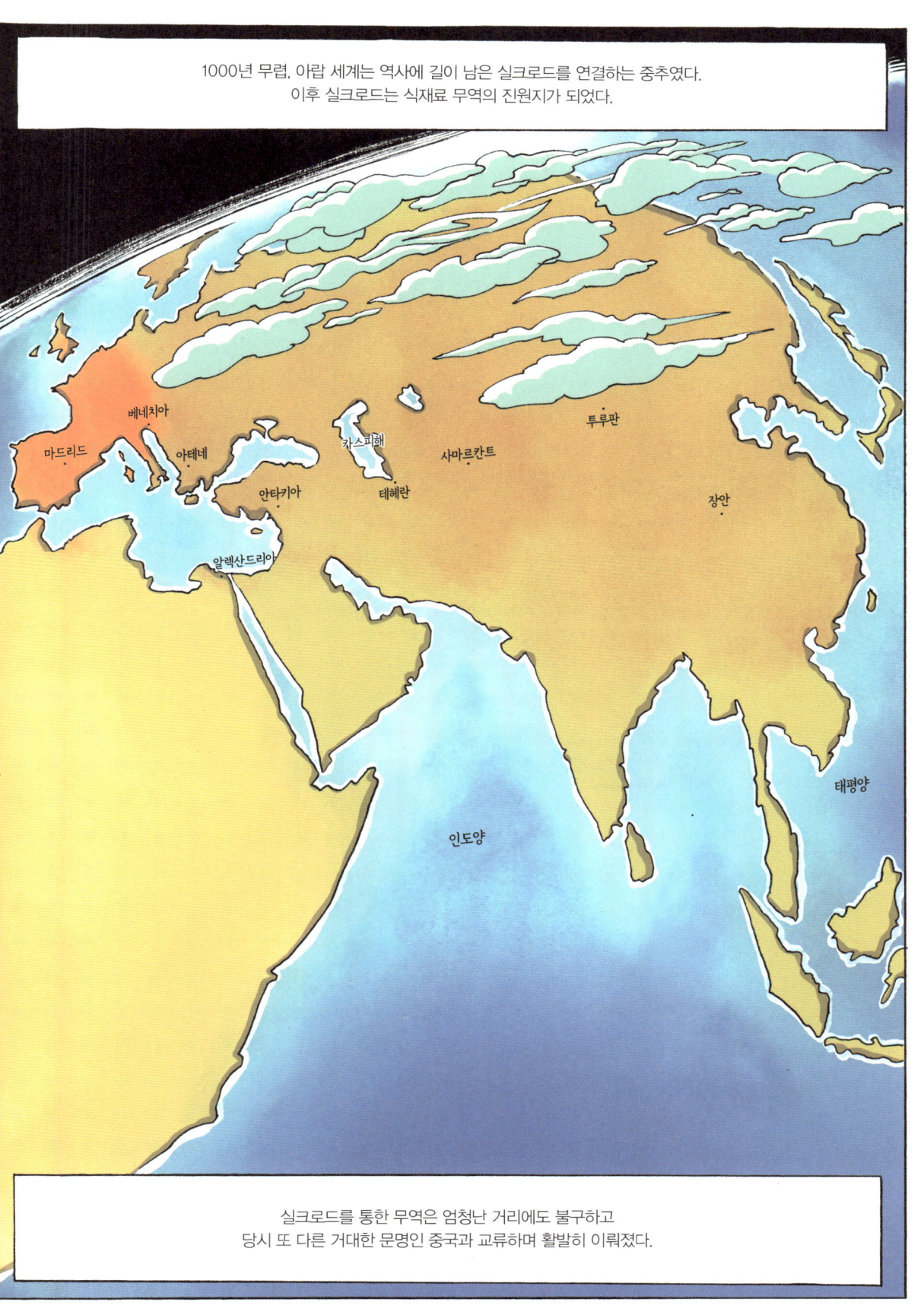

당나라의 통치가 오래 이어지면서 중국은 거대한 제국이 되었다. 당나라 사람들은 여기저기서 가져온 수많은 식재료와 조리 도구 사용법을 받아들여 발전시켰다.

- 중동의 과일
- 인도의 코코넛 식기
- 투루판의 오아시스산 포도주
- 바그다드의 야채와 향신료
- 서양의 식탁과 의자

요리가 발달하면서 영양과 건강을 연결 지은 책도 등장했다.[1] 의사이자 연금술사, 철학자인 손사막은 이 책에서 이렇게 언급했다.

최고의 약은 운동, 즐거운 성생활, 균형 잡힌 식단입니다. 제대로 먹을 줄 모르는 건 사는 법을 모르는 것과 같습니다!

포만감을 느낄 때까지 먹어서는 절대 안 되며 음식을 익혀서 따뜻할 때 천천히 먹고 소화하는 중에 지적인 활동은 하지 않는 게 좋습니다.

신선한 제철 음식을 찾아 그대로 보관해두었다가 가능한 한 가장 간단하게 준비해 먹는 게 좋습니다.

1. 《천금익방》. 금화 천 냥의 값어치를 하는 의약 처방전을 모은 책이라는 뜻이다.

"이보게, 친구. 여기서 우리 제국 3대 요리인 상하이, 베이징, 쓰촨 요리를 모두 맛보고 가게나!"

"그럼 입맛대로 한번 골라볼까? 난 간이 센 걸 좋아하니 남방 요리가 좋을 것 같군."

11세기 송나라 시대에 처음으로 먹거리촌이 등장했다. 이때부터 오늘날 북방 요리, 남방 요리, 쓰촨 요리처럼 지역색을 살린 특색 있는 요리가 생겨났다.

"이 엄청나게 다양한 요리들 좀 보게. 천 년 후에도 여전히 건재하리라 내 장담하지!"

요리 1: 청주가 들어간 향긋한 조개찜
요리 2: 향신료를 넣고 삶은 개수육
요리 3: 쪄낸 대추 납작만두

요리 4: 연꽃 열매 수프
요리 5: 양꼬치 튀김
요리 6: 쪄낸 돼지고기 만두
요리 7: 살구를 곁들인 거위구이

수도에 있는 이 식당들은 늦은 밤까지 영업했다.

5장

유럽 궁정 요리

9세기에 발생한 봉건사회를 이해하려면 먼저 이 사회를 이루는 세 계급을 염두에 두어야 한다.[1]
중세는 전쟁에 나가 싸우는 기사와 기도하는 성직자 그리고 일하는 농노로 구성된 세계였다.

기사

성직자

농노

날개 달린 사냥감

야생 동물

가금류

파종 작물과 콩류

구근과 뿌리 작물

결론적으로 이 세 계급에는
각각 걸맞은 음식 등급이 정해져 있었고
이 등급은 신과의 관계에 따라 결정됐다.
즉, 하늘에 가까운 식재료일수록
권력을 더 많이 가진 계급이 차지했고
그 반대도 마찬가지였다.

1. 교황 자카리아와 랭스의 주교 아달베론이 선포했다.

1. 기독교 전통에 따라 금요일에는 생선을 먹어야 했다. 비버 꼬리는 생긴 모양 때문에 생선으로 간주했다.

신맛은 중세 요리에서 중요한 자리를 차지했다. 사회 계층과 상관없이 모두가 즐겨 찾는 특별한 조미료가 있었으니…

바로 신포도즙이랍니다. 아직 파르스레한 포도 한 송이로 즙을 짜 수프에 뿌려 먹지요.

참소리쟁이나 덜 익은 사과로 즙을 내기도 하는데 이게 겨자나 커민 말고 우리가 쓰는 유일한 조미료예요.

중세 사람들은 포도주가 귀한 칼로리를 공급하는 유동식이라고 여겼다. 빈민층도 물 마시는 대신 사과나 배로 만든 맥주[1]를 마셨다.

수프에 적포도주 섞어서 빵 찍어 먹고 내일도 힘내서 일해보자고!

서아시아에서 수입한 향신료를 살 능력이 있던 성직자들은 음식에 향신료를 있는 대로 뿌려 먹었다.

계피, 정향, 카다멈, 생강을 넣고 끓인 토끼 스튜 드세요!

좀 무겁지만 하느님께서 원하신다면…

귀족들도 동양에서 온 향신료를 매우 좋아했지만 비용이 만만치 않았다.

폐하, 잡아 오신 고기에 가지고 있는 모든 조미료와 허브를 넣어 요리 중입니다. 천국의 씨앗[2]도 넣었습죠!

왕국 재정에 타격이 좀 있겠지만, 별수 없지!

1. 프랑스 노르망디 지방에서 만드는 사과주의 원조
2. 당시 인기가 높았던 후추의 일종인 멜레게타와 기니후추

1. 당시에는 설탕도 향신료에 속했다.
2. 향신료를 넣은 달콤한 포도주

한편, 봉건제도에는 또 다른 현실이 있었다. 배불리 먹고 사는 귀족과 겨우 입에 풀칠하며 살아가는 농민 사이에는 어마어마한 격차가 존재했다.

"나리께서 우리 주는 음식이 역겨우신 모양이야."

"그래 봤자 자기들이 먹다 남긴 걸 가지고!"

위선적이게도 영주는 관리를 뽑아 성에서 먹고 남은 음식을 가축과 빈민들에게 나눠 주었다. 손에 넣은 빈약한 재료를 활용하려면 농민들은 상상력을 발휘해야만 했다. 이때 탄생한 요리가 수많은 인기 요리의 원조가 되었다.

프랑스 왕국에서 숲 근처에 사는 농민들은 주로 돼지의 내장 속에 구할 수 있는 모든 걸 채워 먹었다. 이 요리가 바로 소시지와 순대의 원조다.

발트해 연안의 주민들은 생선 염장과 훈제를 널리 알렸다. 이는 훗날 그 유명한 훈제 연어로 이어진다.

포르투갈 사람들은 바다나 강에서 잡은 생선에 빵가루를 입히고 기름에 튀겨 먹는 법을 고안했다. 수백 년 뒤 피시앤칩스라 불릴 요리가 이렇게 탄생했다.

중세 후기 왕실 만찬은 바로 이렇게 치러졌다.
바로 여기서 나중에 등장할
현대 유럽 미식 문화의 기초가 다져졌다.

첫 번째 차례: 식전주. 신선한 제철 과일.
　　　　　　　건조 과일. 과자. 파테와 소시지. 강화 포도주.

두 번째 차례: 수프. 냄비에서 뭉근히 끓인 고기(사냥한 동물과 가금류), 가끔은 야채 추가. 백포도주.

세 번째 차례: 구이. 꼬치에 끼워 구운 고기(사냥한 동물과 돼지) 또는 화덕에서 구운 생선.

네 번째 차례: 앙트르메. 특선 요리(퓌레, 스튜, 내장 등)
　　　　　　　또는 광대, 곡예사, 음악가 등이 준비한 무대.

다섯 번째 차례: 디저트. 과일 설탕 조림, 크림 과자, 케이크, 과일, 다양한 치즈. 가벼운 적포도주.

여섯 번째 차례: 마무리. 따뜻한 포도주나 히포크라스. 핑거푸드, 와플, 견과류나
　　　　　　　　건조 과일로 장식한 초콜릿, 건조 과일.

타유방으로 알려진 기욤 티렐

훗날, '앙트르메'는
분위기를 절정으로
끌어올리는
차례가 되었다.
이때 벌어지는 공연은
절제를 몰랐던
고대 로마 시대를
떠오르게 했다.

식사 후 왕자는 향신료를 가미한 적포도주와 핑거푸드를 준비한 자리에 몇몇 손님을 특별히 초대해 담소를 나눴다.

"여기서 마지막으로 한 잔!"

저는 처음으로 방대한 저작에 프랑스 왕국의 귀족들이 먹고 사는 모습을 남겼답니다.

《타유방의 요리서》에서 중세 요리법과 조리 기술을 확인해보시죠.

요리사 주변에는 여러 조수가 가득했다. 영주의 식사를 차리는 데 50명에서 100명이 필요했는데, 이들은 각자 명확한 역할을 수행했다.

식사 시종: 집사이자 식사 자리 총괄 지배인

빵 관리인1: 칼과 식탁보, 소금 담당

고기 시종: 고기를 자르고 나누는 일 담당

술 시종: 포도주와 음료 선택 및 제공 담당

주방장

요리사

소믈리에2: 재고 담당

하인: 시중 담당

주방에서 세 번째 직급까지가 제일 중요한 일을 담당하는데 이들은 모두 귀족이랍니다. 고기 시종은 손님 서열대로 가장 좋은 부위를 대접하는데요, 이때 내장, 목, 머리가 제일 인기가 좋답니다.

1. 판티에. 성에서 빵 배급을 담당하는 관리자. 13세기까지 제빵사도 같은 이름으로 불렸다.
2. 소믈리에는 원래 짐 실어 나르는 가축을 모는 사람을 뜻하지만 중세에는 성의 식량 재고 관리자를 의미하기도 했다.

1. 미래의 파르미자노 레자노(파마산 치즈). 일 플라티나는 파마산 치즈가 널리 퍼지는 데 크게 공헌했다.

사실 포크는 이미 4세기 전 비잔틴 제국의 공주 마리아 아지로풀리나와 베네치아 총독의 아들이 결혼할 때 처음 등장했다. 그러나 공주가 비극적으로 죽으면서[1] 유럽인들은 포크를 불경하게 보고 사용하길 주저했다.

하느님께서 자연산 포크로 손을 주셨는데 뭘 또?

사탄이 쓸 것처럼 생겼네. 곧 공격해오려나?

이보시오, 주인장. 저녁밥 좀 먹을 수 있겠소?

다른 여인숙처럼 빵, 포도주, 치즈가 있습니다만.

으음... 스튜나 다른 요리는 어떻게 좀 안 되겠소?

주요 교차로에 숙박 시설이 들어서면서 자그마한 혁명과 함께 또 다른 시대가 열렸다. 당시 여관은 여행객에게 다양한 음식을 제공하지는 않았지만 개인실을 내주었다.

1. 결혼 직후인 1004년, 공주는 흑사병에 걸려 죽었다.

연회는 강대한 신성 로마 제국 황제인 샤를 5세의 궁정에서 시작해 나폴리를 거쳐 브뤼셀과 마드리드까지, 유럽의 모든 궁정으로 뻗어나갔다.

프랑스 왕국이 한 수 위인 듯…

고급스럽지만 어째 좀 소박하네.

마지막에 놀라운 한 방이 준비되어 있습니다.

아이스크림 케이크? 아님 설마 테러?

군주에게 공식 연회는 강력한 정치적 무기였다. 로마의 동맹국들은 연회에 모여 특유의 간소함을 간직한 요리를 즐겼다.

당시 스페인은 아랍 미식 문화에도 많은 영향을 받아 달콤한 간식이 유행했다.

앞서 언급한 이탈리아의 요리 혁명은 스페인 왕실 요리에 많은 영향을 미쳤다. 또한 이탈리아 작가들은 이 시대의 가장 위대한 스페인 작품에 많은 영감을 제공했다.

바르톨로메오 스카피의 모든 요리법을 스페인어로 번역하기만 하면 완성!

나리! 과일 젤리, 시럽에 졸인 배, 설탕에 절인 장미, 건포도 좀 더 드릴까요?

디에고 그라나도 말도나도
저명한 《요리의 예술》(1599)의 저자

허구한 날 군것질 타령이군. 용맹한 기사를 고작 이렇게 대접해?

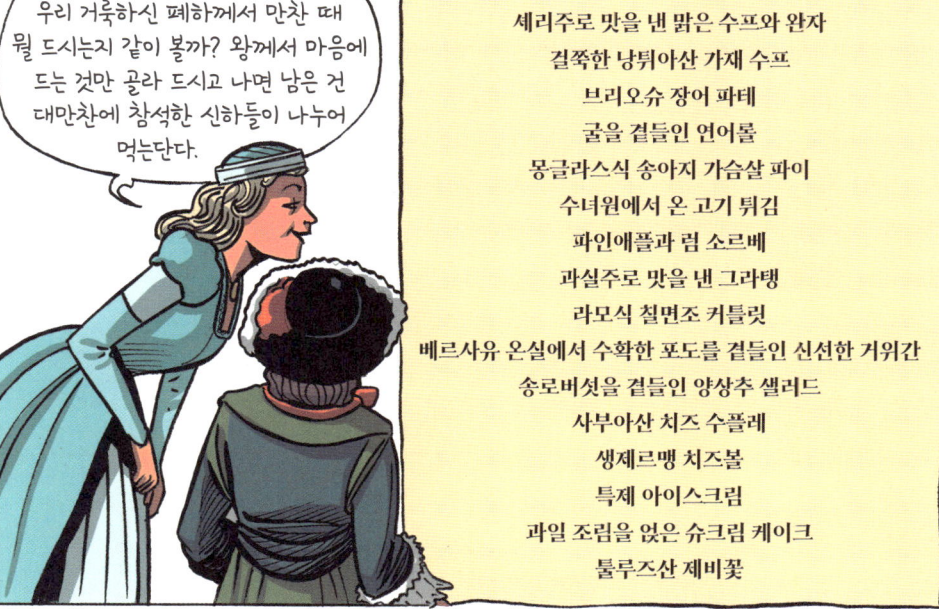

145

1651년에서 1691년 사이 프랑스 왕실은 요리책 12권[1]을 출간해 새로운 요리법을 장려하고 프랑스 절대왕정이 자랑하는 훌륭한 요리를 세계에 널리 알렸다.

버터, 크림, 적절한 소스, 부드러운 흰 살코기… 이 모든 게 중세의 걸쭉한 향신료 잡탕을 대신한답니다. 흥미진진하죠!

이봐, 떠들 거면 가서 요리나 해!

루이 14세는 전형적인 베르사유식 규칙과 감각에 따라 개발한 요리가 절대주의를 보여주는 최고의 예술이라고 보았다.

우리 세계에서는 모든 분야가 질서와 대칭을 기반으로 합니다. 프랑스식 정원, 건축, 음악, 회화, 문학, 연극처럼 말이죠.

마담 드 멩트농을 향한 폐하의 사랑마저도,

왕실 요리는 따라 하기 어려울 만큼 화려함을 뽐냈다. 막강한 권력을 자랑했던 재무장관 푸케는 지나치게 호화로운 연회를 여는 바람에 루이 14세의 질투를 사 여생을 감옥에서 보냈다.

도금한 은식기에 손님 6천 명, 몰리에르의 〈훼방꾼들〉 초연에 불꽃놀이까지…

…아무래도 푸케가 선을 넘은 듯하군.

주방장은 엄청난 압박을 받았다. 루이 14세를 위한 향연에 쓸 생선이 제때 도착하지 않아 주방장 프랑수아 바텔[2]이 자살한 이야기는 매우 유명하다.

물이 들어옵니다! 물이 들어와요!

너무 늦었어. 모욕을 받느니 차라리… 으으윽!

1. 재발행을 거듭해 총 75권을 완성했다. 당시로서는 엄청난 수인 10만 부가량을 찍었다. (2020년 윤리와 정치 아카데미 연례 연설에서 장 로베르 피트가 발표했다.)
2. 콩데 왕자의 집사로 유명했다.

베르사유의 권력이 약해지고 계몽주의 시대가 밝았다.
귀족들은 궁정에서 식사하던 방식을 이어나갔지만
집에서는 더 단순한 방식을 취했다.

첫 번째 차례:
수프와 전식

두 번째 차례:
고기, 샐러드와 치즈

세 번째 차례:
디저트와 핑거푸드

백포도주, 적포도주와
강화 포도주

그리하여 프랑스식 식사란 식당에서 요리사와 시종을
곁에 두고 먹는 것을 의미하게 되었다.
식사의 기본 원칙은 짠맛과 단맛을 구별해 먹는 것이었다.

이러한 현대적인 식사는 먹고살기 어려워진 프랑스 서민의 식사와 뚜렷이 대조되었다. 당시 서민들은 중세의 농노보다 더 굶주렸다!

주로 호밀에 귀리나 메밀을 섞은 거친 빵을 주식으로 삼고,
이것만 하루에 한 사람당 1.5킬로그램씩 먹었다.

매일 먹는 음식은 항상 당근, 양배추, 셀러리, 양파를 넣고 끓인
걸쭉한 야채수프뿐이었다. 드물게 돼지고기를 추가하기도 했지만
고기는 식탁에서 거의 찾아볼 수 없었다.

적포도주가 아침부터 저녁까지 그들을 버티게 해주는
양식이었다. 해마다 한 사람당 포도주를
최대 300리터씩 마셨다.

1710년처럼 흉작으로 기근이 이어져 수백만 명이 아사했고,
이것은 1789년 프랑스혁명의 주요 원인이 되었다.

6장
새로운 세계

1. 당시에는 아메리카 대륙을 인도라고 생각했다.

1. 아즈텍 문명의 나우아틀어로 이 과정을 닉스타말리라고 한다.
2. 팝콘 만들 듯 볶는다.
3. 가장 매운맛으로는 멕시코가 원산지인 하바네로 고추가 있다.

연회가 끝나면 종교의식의 일환으로 카카오 열매로 만든 죽에 고추를 넣은 쇼콜라트를 나누어 먹었다. 드물게 멕시코에서 나는 바닐라를 죽에 섞기도 했다.

열매를 볶아 빻은 다음 익혀서 소금과 매운 고추로 간을 하면 완성입니다.

흠, 저는 차라리 풀케를 마시는 게…

아즈텍 전설에 따르면 고대 멕시코에서 창조와 문명의 신 껫살꼬아뜰이 인간에게 카카오나무 재배법을 가르쳤다고 한다. 원래 코코아는 고대 지중해 세계의 포도주처럼 신성한 음료였다.

모든 게 아주 간소하게 굴러갔다. 아즈텍 사람 중에서 지배 계층은 음주를 철저히 멀리했다. 또한 모두가 1년 중 오랜 기간을 단식하며 보냈다.

족장님께서 오늘부터 보름 동안 단식하시니 당신도 하루에 토르티야 50그램만 먹도록 해요.

여자, 아이, 노인, 병자를 가리지 않고 아즈텍 사회 전체가 금식을 실천했습니다. 가장 간단한 금식법은 소금과 고추를 식단에서 빼는 것이었죠. 성직자들은 몇 달 동안이나 단식하기도 했답니다.

잉카 요리는 종교적인 성격이 강했다. 극단적인 예로 인기 높은 파차만카 축제가 있는데 이 전통 축제는 천 년을 뛰어넘어 오늘날에도 열린다.[1]

먼저 땅에 커다란 구멍을 파고 뜨겁게 달군 돌을 넣는다.

바닥에 감자, 옥수수, 라마 고기, 야채 등 재료를 넣고 소금과 향신료로 간을 한다.

그런 다음 흙과 뜨거운 돌, 나뭇잎으로 재료 위를 덮는다.

몇 시간 동안 익힌 다음 충분히 익은 음식을 파내 태양을 향해 앉아 즐긴다.

파차만카는 신에게 감사를 전하는 섬세한 요리법이다.
신이 인간에게 풍요를 안겨준 바로 그 땅을 직접 이용하는 것이다.

1. 파차만카 축제는 잉카 문명이 등장하기 전 안데스 세계에 이미 널리 퍼져 있었다. 2003년 페루는 이 축제를 국가문화유산으로 지정했다.

1. 1621년부터 미국에서는 1년 중 가장 성대한 행사로 추수감사절 축제를 열어 칠면조, 옥수수, 호박파이를 먹는다. 영국에서 메이플라워호를 타고 온 청교도 사람들이 북아메리카 원주민들과 식사를 함께한 것이 출발점이 되었다.

1. 유럽인은 이미 로마 시대에 뿔닭을 아프리카에서 처음 보았다.

1. 에도 시대(1603~1868) 이전에는 돈부리를 호우한, 켄돈부리바치라고 했다. 여기에 생선과 고기, 향신료를 추가해 점심 별미인 돈부리 요리법을 완성했다.

1. 나라현에서 시작해 지금까지 살아 숨 쉬는 전통으로 남아 있다.
2. 무로마치 시대(1336~1573)에 탄생한 기술이다.
3. 쌀이 식초를 만나 발효를 가속하면서 젖산을 방출해 장기 보관이 가능하다.

7장

부르주아 혁명1: 식도락

궁정 요리를 도시 한가운데서 맛볼 수 있다는 점에서 레스토랑은 매우 신선한 공간이었다. 당시 새롭게 등장한 상류층은 훌륭한 요리를 맛보는 동시에 사교를 즐기러 레스토랑에 왔다.

"송로버섯으로 속을 가득 채우고 3일간 숙성시켜 구운 칠면조 요리입니다."

"콩데 왕자님 만찬도 이만하지 않던걸!"

절대왕정이 끝나갈 무렵 수많은 독창적인 요리법이 파리에 등장했다. 귀족의 저택에서 일하던 요리사들이 독립해 식당을 열었다.

또한 손님들은 레스토랑에서 현대 미식 문화를 예고하는 특별한 광경을 보고 놀라워했다.

"부야베스는 마르세유에서 온 지중해식 생선 스튜입니다."

"마늘이 듬뿍 들어간 대구 브랑다드도 있습니다. 남부에서 아주 인기 있죠."

"이 요리는 저 멀리 포르투갈에서 왔답니다!"

또 다른 1세대 레스토랑 레 트루아 프레르 프로방소는 당시 파리에 잘 알려지지 않은 요리를 선보이면서 이국적인 레스토랑의 원조가 되었다.[1]

1. 1786년 오늘날 생탄 거리인 헬베티우스 거리에 마네일, 바르텔레미, 시몽 삼 형제가 문을 열었다. 레스토랑 이름은 지방에서 온 삼 형제를 뜻한다.

레스토랑은 사실 작은 혁명에 가까웠다. 수 세기 동안 세계 어디서든 여행자, 상인, 부랑자만 집 밖에서 식사를 해왔다. 이들은 세련된 분위기와는 거리가 먼 선술집에서 늘 정해진 똑같은 음식만 먹었다.

오스트리아, 독일, 프랑스 알자스 지방에서는 돼지고기, 슈크르트와 치즈를…

우리 집 소시지 맛 좀 보시지!

그리스에서는 생선알 크림 또는 포도잎 쌈을…

내 생각엔 디오니소스도 그리스 사람인 듯…

스페인과 포르투갈에서는 치즈, 햄, 올리브 타파스를…

외국인 양반, 스페인 포도주도 같이 하시려우?

영국에서는 자투리 양고기와 야채로 만든 파이…

맥주 마시고 배 안 차면 파이도 좀 드세요.

동업조합과 식품 전문점이 12세기부터 파리 길거리를 장악했다.

가공육 전문가는 날고기를 파는 정육업자와 달리 조리한 고기만 독점 취급하고

파티시에는 주로 형태가 단단한 파이를 만들고

술집 주인은 도시인들에게 포도주와 맥주, 능금주를 팔며

제빵사는 빵을 구워 어디든 배달했다.

프랑스에서 혁명이 일어나기 직전까지 이들은 각자 전문 분야를 살려 장사를 독점했다.

그러나 한 선구자가 1765년 파리 풀리 거리에 처음으로 레스토랑을 열면서 이러한 독점이 무너졌다. 계몽주의 철학자 디드로는 유명한 표어[1]를 남긴 이 식당의 유명 단골이었다.

이보게, 디드로. 난 닭고기나 소고기 수프로도 만족하고 살았는데 하얀 소스를 곁들인 양고기를 맛보고 홀딱 반해버렸네. 레스토랑이 내 입맛을 버려놓았어!

파리 의회도 자네 의견에 동의할 걸세. 음, 시대가 변하고 있어.

1. "굶주리는 자는 모두 우리 집으로 오라. 내가 그대들 모두 배불리 먹이겠노라."
이 식당 주인의 이름은 명확히 남아 있지 않지만 사업가 마튀랭 로제 드 샹투아조나 요리사 불랑제일 거라고 추측된다.

1. 1720년 베네치아 산마르코 광장에 문을 연 카페. 오늘날 여전히 영업 중이다.

"샤로스에서 온 맛 좋은 닭고기 요리입니다. 지롱드 지방[1]에서 왔지만 뭐…"

"방목해서 키운 어린 돼지고기 요리도 있습니다. 산골에서 오신 분들[2] 입맛에 딱 맞을 겁니다."

대혁명과 함께 과거 절대왕정의 주방장은 나라의 새로운 주인을 위해 식탁을 책임지며 현대 프랑스 요리의 기초를 마련했다.

나폴레옹 시대에 시인 조제프 베르슈는 고대 그리스 시인 아르케스트라토스가 남긴 '식도락'이란 말을 다시 쓰면서 유명해졌다.

프랑스가 앞장서 현대 고급 요리를 이끄는 이상 '식도락'이라는 말이 유명해지는 것은 시간문제였다.

"부드러운 양고기가 최고지. 허영도 과시도 없이 양상추나 강낭콩이 양고기와 함께 나오지. 양고기, 나의 경배를 받아주오. 간혹 그대를 멸시하기도 했지. 남작과 후작의 초대를 받고 제일 맛나다는 영계를 앞에 두고 양배추 곁들인 자고새를 들었지."

"(…) 주방에서 선보이는 완벽한 기술 흠 없이 찬란히 빛나는 재능 속 그다지 예쁘지는 않아도 미모를 이렇게 보상하기라도. 당신의 감미로운 접시 속 나는 맛있는 소스를 확신하고 그대 프리캉도 익는 소리 들으며 스튜와 둥근 허벅지 고기 그리고 등심을 완벽히 다루며 완전히 새로운 소스를 준비하고 (…)"

파리의 레스토랑 수

1780년대 말: 100개 — 1795년 무렵: 600개 — 1815년 무렵: 3천 개

1. 프랑스혁명 당시 이 지방 출신 부르주아 계급이 공화파를 결성해 왕정 폐지와 공화국 선언을 채택했다—옮긴이.
2. 지롱드파의 반대 노선으로 급진적인 혁명을 추구한 산악파를 비유하는 말—옮긴이.

요리를 새로운 예술로 보는 사람들은 요리가 엘리트주의적 기쁨이라 주장하고 나섰다.
상류 사회의 반항아 그리모 드 라 레니에르는 공연처럼 호화로운 만찬을 열어 고급 요리를 대접했다.

"검은 커튼을 치고…"

"수백 개의 촛불을 밝혀…"

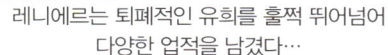

레니에르는 퇴폐적인 유희를 훌쩍 뛰어넘어 다양한 업적을 남겼다…

레니에르가 발행한 잡지 〈미식 연감〉은 미식 비평의 기초가 되었고

수비즈 소스, 송어 요리, 가자미 요리[1] 등 그의 주방에서 탄생한 수많은 창작 요리가 오늘날 고전이 되었다.

또한 그는 저녁 식사를 훗날 당연해질 '러시아 방식[2]'으로 제공하는 선구자였으며

20세기에 크게 번성할 미식 클럽의 1세대 기획자였다.

1. 각각 양파 버터크림 소스, 야채로 속을 채운 송어 요리, 다진 파슬리를 곁들인 가자미 요리.
2. 한 번에 모든 요리를 차리는 프랑스 방식과 달리 요리를 차례대로 내오는 방식이다.

1. 속이 비어 있는 둥근 페이스트리로, 생선이나 고기로 속을 채우고 소스를 곁들여 먹는다—옮긴이.
2. 슈를 튀겨서 만든 부푼 튀김과자. 고대 로마 시대 제과로 르네상스 시대 이탈리아에서 부활했다. 페드논은 프랑스어로 수녀의 방귀라는 뜻이다.

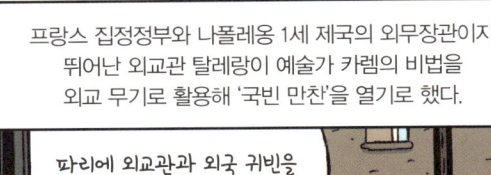

1. 장 자끄 캉바세레스. 대서기장이자 명실공히 제국의 이인자였다. 미식에 있어 탈레랑과 경쟁 구도를 이뤘다.

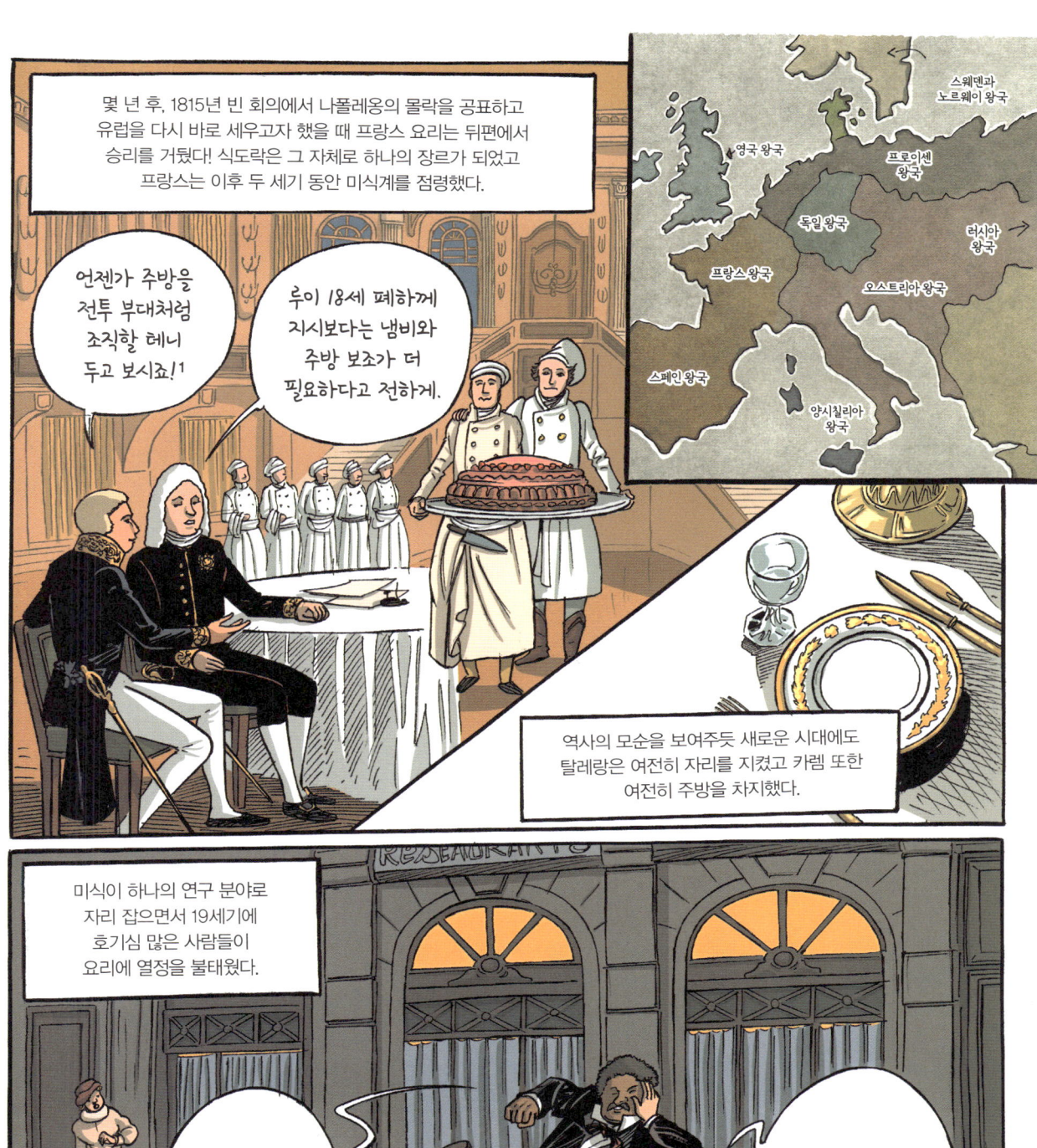

1. 에스코피에는 '주방 직급체계'를 구성해 주방에 엄청난 혁신을 가져왔다.
2. 알렉상드르 뒤마의 《뒤마 요리사전》에서 찾아볼 수 있다.
3. 카지미르 모이슨이 이탈리아 작곡가를 기리며 투르네도스 로시니를 개발했다.

8장

부르주아 혁명 2: 자본의 요리

1. 으깬 감자와 소고기를 층층이 쌓아 오븐에 구운 요리—옮긴이.

1. 프랑스 공화력 3년 6월 21일 법령(1795년 3월 11일)
2. 프랑스에서는 처음에 감자를 파르망티에라 불렀다.

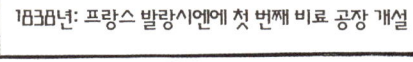

과학만능주의가 팽배하던 시대에는 상상력이 곧 능력이었다. 기술 개발과 동시에
지도층은 빈민을 배불리 먹일 기적의 음식을 찾는 일 또한 포기하지 않았지만 때로는 그 방법이 약간 이상했다.

1. 1866년 파리에 첫 번째 말고기 전문 정육점이 문을 열었다.
2. 그의 이름을 딴 다국적 기업이 여전히 운영 중이다.

1. 파리 노동자들을 위한 중저가 레스토랑. 부용은 프랑스어로 거품, 국물을 뜻한다.

이러한 현상은 여러 나라에서 똑같이 일어났다.
지역 특산 요리가 나라를 대표하기도 하고 몇몇은 더 널리 퍼져 국제적인 요리가 됐다.

1860년 영국 런던에 처음으로 '피시앤칩스'가 등장했다. 창업자 조지프 말린은 일본까지 전해진 유명한 포르투갈 튀김 요리법을 활용했다.

식민지 시절 아일랜드 농부들은 세계적으로 유명해질 요리법을 조금씩 완성해갔다. 이렇게 흑맥주를 기본으로 한 아일랜드식 스튜가 탄생했다.

나폴리에서는 르네상스 시대부터 이어진 속을 채운 납작빵이 미국산 토마토와 한 세기 동안 결합을 시도한 끝에 미래 베스트셀러가 될 피자가 탄생했다!

스페인 남동부 발렌시아에는 미식가들이 당시 알렉상드르 뒤마가 찬양한 지역 별미를 맛보러 모여들었다. 발렌시아 쌀로 만든 이 요리는 훗날 파에야가 되었다.

1. 프랑스어로 말린은 꾀가 많고 영리한 사람을 뜻한다―옮긴이.
2. 마르게리타 드 사부아. 통일이 진행 중이던 이탈리아의 첫 번째 여왕이다.

벨기에에서도 감자가 빠지지 않았다. 여기서 감자는 홍합을 만나 최고의 인기 요리가 되었다. 감자튀김을 곁들인 홍합찜은 1875년 리에주 시장에서 처음 등장했다.

나무르 어부들이 작은 생선을 튀겨 먹던 오랜 전통을 따라 해봤어요. 감자를 작은 생선 크기로 잘라서…

똑똑한데!

누구야, 저 사람?

저기 봐, 저 사람이 프리츠 씨야. 프렌치프라이 만든 사람!

벨기에 사람들은 노점상이었던 프리츠에게 많은 빚을 졌다. 프리츠는 1830년대 말에 형제인 조르주와 함께 감자튀김 가게를 열었다.[1]

지구촌이 되면서 각 나라에서 가장 인기 있는 음식들이 전 세계 주방으로 퍼져나갔다. 지금은 누구나 아는 인도 카레가 바로 이 경우다.

홍콩에서 온 요리사가 이 요리를 가르쳐줬는데 그 요리사는 런던 사는 사촌한테 요리법을 배웠다네. 또 그 사촌은 스리랑카에서 이걸 배웠다지.

뉴욕 같은 국제도시에서는 세계적으로 유명한 요리를 모두 맛볼 수 있었다. 폴란드 유대인의 전통 빵인 베이글처럼 몇몇 먹거리는 뉴욕을 대표하는 상징이 되었다.

크라쿠프에서는 안식일 휴식이 끝나자마자 베이글을 굽습니다. 재빨리 준비할 수 있어서요.

오, 완전 뉴욕 스타일!

1. 프리츠의 본명은 장 프레데릭 크리거-자차리데스다.

1. 프랑스 화학자 니콜라 클레망이 열을 측정하려고 만든 개념이다.
2. 크래커를 판매하던 제과점이 연합해 내셔널 비스킷 컴퍼니를 열었다. 이 회사는 역사상 최초의 다국적 농산물 가공품 회사인 나비스코의 전신이다.
3. 초기 제조법이 성욕 감퇴를 목적으로 했다는 것은 확인된 사실이다.
4. 마리아니 와인: 1863년 코르시카의 약사 안젤로 마리아니가 보르도 포도주와 코카 잎을 혼합해 만든 것을 미국인들이 '프렌치 와인 코카'로 복제해 판매했다.

시카고에서는 연속 공정 설비를 도입한 도축장이 등장했다. 전기를 이용한 거대한 공장에서 소는 9초, 돼지는 5초마다 한 마리를 처리해 매주 통조림 수백만 개를 만들어냈다.

"아메리칸드림을 품고 왔는데 여기서 이러고 있을 줄이야…"

"입 다물고 자르기나 해!"

1900년, 시카고는 미국인이 소비하는 고기의 80퍼센트를 생산하며 대량생산 방식의 엄청난 효율을 증명했다. 이 '찍어내기' 방식은 담배 산업과 자동차 산업[1]에도 영향을 미쳤다.

폭발적 혁신으로 가정에서 주방이 맡은 역할도 변화했다. 이제는 위생이 제일 중요한 청결한 공간에서 반조리 식품을 먹는 시대가 되었다.

1900년대 전기오븐

1910년대 냉장고

1890년대 가스레인지

1. 헨리 포드가 일명 포드주의라는 대량생산과 분업을 자동차 생산에 처음 도입했다.

9장

가벼운 요리의 시대

1. 오늘날 슬로푸드 협회는 전 세계 160여 개 나라에 자리 잡았다.

1. 독일 출신 이민자들이 미국에서 만든 핫도그는 훗날 시카고의 명물이 된다.

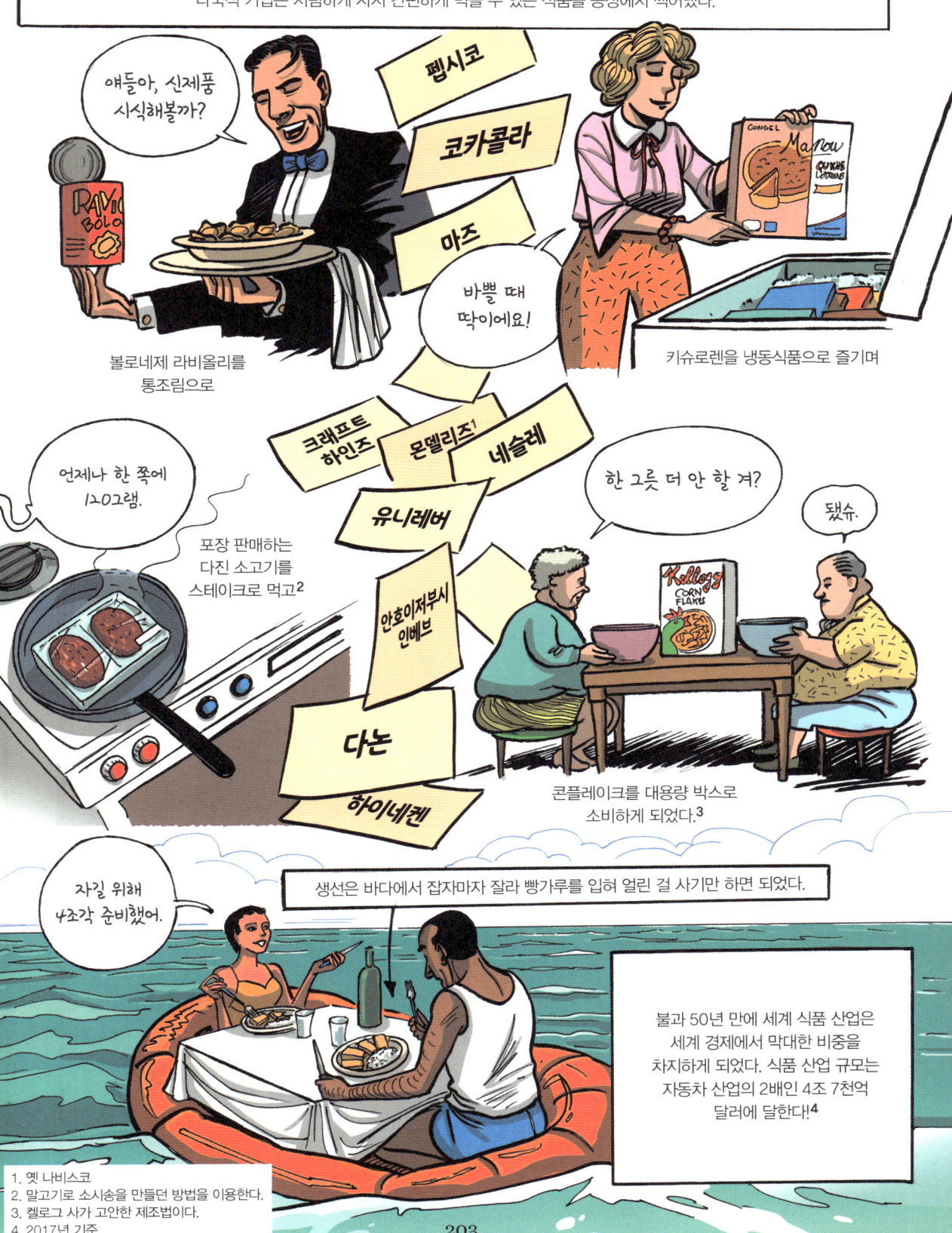

2004년, 슬로푸드의 아버지 페트리니는 요리의 세계화에 반대하는 투쟁을 더 광범위하게 펼쳐나가기 시작했다. 페트리니는 건강한 땅에서 난 좋은 먹거리를 지지하는 국제 공동체, 테라 마드레[1]를 창설했다.

"전통적인 방식을 고수하는 생산자를 도우면 자연히 시장에서 상품 생산과 유통 속도가 줄어들지 않을까요?"

"건강에도 좋고…"

"지갑에는 음…"

"지구에도 좋고요!"

슬로푸드 '구루'는 명백히 세상을 바꾸고자 했다. 페트리니는 아시시의 성 프란치스코가 한 말에서 나온 좌우명을 즐겨 언급했다.

"필요한 일부터 시작해 할 수 있는 일을 합시다. 하다 보면 불가능한 일을 해내게 될 테니까요. 미처 의식조차 못 해도 말이죠."

"먹고 남은 재료 갖고 할 수 있는 요리를 찾아서 쓰레기 낭비를 줄여볼까요?"

사실 이러한 반발은 이탈리아에서 시작한 운동보다 더 오래전에 등장했다. 한 예로 제2차 세계대전 후 일본에서 발전한 마크로비오틱 운동을 들 수 있다. 20세기 초에 탄생한 이 운동은 고대 중국의 영양학을 기반으로 세계화된 서구 요리에 맞서고자 했다.

"우주의 자연스러운 균형 법칙에 따라 우리 몸에 영양을 공급하면 몸이 자연스럽게 균형을 되찾습니다."

"몸을 차갑고 움츠리게 만드는 음기 가득한 음식 대신 몸을 따뜻하게 하고 기력을 돕는 양기를 품은 음식을 즐기도록 하세요."

영양학자 조지 오사와(본명 사쿠라자와 유키카즈)가 창시한 이 조직은 사기라는 거친 비난 속에서도 세계 전역으로 뻗어나갔다.[2]

1. 이탈리아어로 '대지의 어머니'라는 뜻—옮긴이.
2. 마크로비오틱 신봉자들은 식단으로 암이나 당뇨병을 치료할 수 있다고 주장한다.

마크로비오틱 식단은 이해하기 매우 복잡하고 때로 일관성이 없어 보이기도 한다. 이 식단은 건강 상태와 특히 계절에 맞는 '현지 식품' 섭취를 기본 원칙으로 한다.

피해야 할 음식

화학 비료를 써서 재배한 작물
방부제나 착색료가 들어간 정제 식품
붉은 고기
동물성 지방
유제품
조미료와 향신료
설탕과 알코올

권장하는 음식

물
통곡물
콩류
야채(감자, 토마토, 가지 제외)
단백질
달걀
과일(열대과일 제외)

조지 오사와의 제자들은 1960~1970년대 서구 세계에 이 식이요법을 널리 알렸다. 오늘날에도 마크로비오틱 요리를 전문으로 하는 식당과 이 운동 속에서 고안한 대안 요리법을 찾아볼 수 있다.

입가심으로 커피 대신 야노 나왔습니다. 커피는 너무 음기가 강해서…

오사와 커피 또는 야노:
-
쌀3, 밀2, 팥2, 병아리콩1, 치커리 1큰술.

각각 따로 볶다가 섞어서 약간의 기름에 굽는다.

완전히 식힌 뒤 모두 곱게 간다.

물 500mL에 1큰술 풀어 끓여 마신다.

수험생, 만성 변비, 두통에 좋다.

식품 산업의 '생산지상주의'에 반대하는 또 다른 대규모 운동이 미국에서 등장했다!

자동차는 너무 빨리 달리고 공장은 너무 빨리 생산합니다. 무엇보다 우리는 너무 빨리 너무 많이 먹습니다!

이게 바로 '나쁜 영양 섭취'다. 랠프 네이더는 이 운동의 가장 유명한 활동가로 미국 소비자의 권리를 보호하는 데 앞장섰다.

1970년대 후반 대규모 식품 산업에 반대하는 활동가들은 다음 4가지 영역에 집중했다.

설탕과의 전쟁

지방과의 전쟁

비만 인구 감소

콜레스테롤 감소

206

1. 칩은 영어로 '조각'을 뜻한다.
2. 셀룰로스 수화물로 만든 필름으로 식품에 사용할 수 있다. 1908년 스위스에서 화학자 자크 브란덴베르거가 발명했다.

다행히 20세기 후반에 건강에 나쁜 대량생산 식품만 세계화된 것은 아니었다.
일부 지역 별미들이 대륙 또는 세계의 진정한 베스트셀러로 자리매김하기도 했다.

이탈리아 피자는 세계에서 가장 많은 사람이 찾는 요리가 되었다. 특히 미국에서는 더 두껍고 다양한 피자가 등장했다.

페루의 전통 요리 중 지나칠 수 없는 생선회 세비체는 오늘날 전 세계 레스토랑 어디서든 찾아볼 수 있는 메뉴가 되었다.

세계 어느 도시에서나 찾을 수 있는 중국 레스토랑에서는 느억맘으로 간을 한 볶은 국수를 맛볼 수 있다. 느억맘은 베트남 전통 생선 소스로 로마 가룸의 먼 후손이라고 볼 수 있다.

미국 시골 한구석에서 만들어 먹던 별미 신시내티 칠리[1]는 놀랍게도 아메리카 대륙 전체를 사로잡았다.

1. 1920년대 톰 키라드지에프가 멕시코 요리인 칠리 콘 카르네를 변형해 만들었다.

건강과 대량생산 식품, 즐거움, 진정성을 모두 고려해야 하는 답 없는 방정식 속에서 현대 요리는 복잡해져만 갔다. 1970년대 말 프랑스의 젊은 주방장 미셸 게라르는 '가벼운 요리'라는 혁신적인 개념으로 이 문제를 해결하려 나섰다.

동시대 프랑스 주방장들은 이 '새로운 요리'에 적극적으로 동참했다. 이러한 환대는 전 세계의 식탁, 즉 요리 전반에 영향을 미쳤다.

1. 프랑스 요리 전문 기자 앙리 골트와 크리스티앙 마요가 쓴 '새로운 요리 십계명'을 참고했다.

르네 레드제피
(덴마크) 북유럽 요리

레지스 마르콩
(프랑스) 야생 허브와 버섯

가스통 아쿠리오
(페루) 페루 요리

피에르 가그네르
(프랑스) 퓨전과 전통 요리

페란 아드리아
(스페인) 분자 요리

오노 지로
(일본) 초밥 장인

덴 바버
(미국) 자급자족 농장 경영

헬레나 리조
(브라질) 라틴과 미국 퓨전 요리

21세기 들어 전 세계 스타 요리사들이 기본적으로 가벼운 요리를 지향하면서 전 세계인의 식습관에 영향을 미쳤다.

분자 요리 같은 새로운 형태의 실험적인 요리법도 가볍고 소화하기 쉬운 요리 개발 행렬에 동참했다.

21세기 초부터 가볍게 먹자는 생각이 일상생활을 지배했다. 공장에서 만들어낸 요리가 여전히 굳건히 자리 잡고 있었지만 건강한 먹거리를 향한 새로운 움직임이 일어나기 시작했다.

나는 비건 햄버거!

일찍이 영국에서 비건 요리가 등장했을 당시[1] 이 요리를 적극적으로 즐기는 사람은 소수에 불과했다. 비건 식단에는 동물 단백질이 전혀 들어가지 않는다.

1980년대부터는 유럽에서 유기농 식품을 쉽게 볼 수 있게 되었다. 유기농 방식은 농작물을 생산할 때 화학물질을 가능한 한 적게 사용한다.

생물 역학 농법은 우주의 바이오리듬을 고려한 농사법의 한 갈래로 특히 포도주 생산자들이 활용한다. 이 농법은 토양을 착취하는 데 반대하며 등장했다.

음… 여기는 수맥이…

100% 유기농 농산물

생산지 표기법은 슈퍼마켓을 비롯해 유럽의 모든 유통 경로에 정착했다.

1. 1944년 영국에 처음으로 비건 협회가 세워졌다.

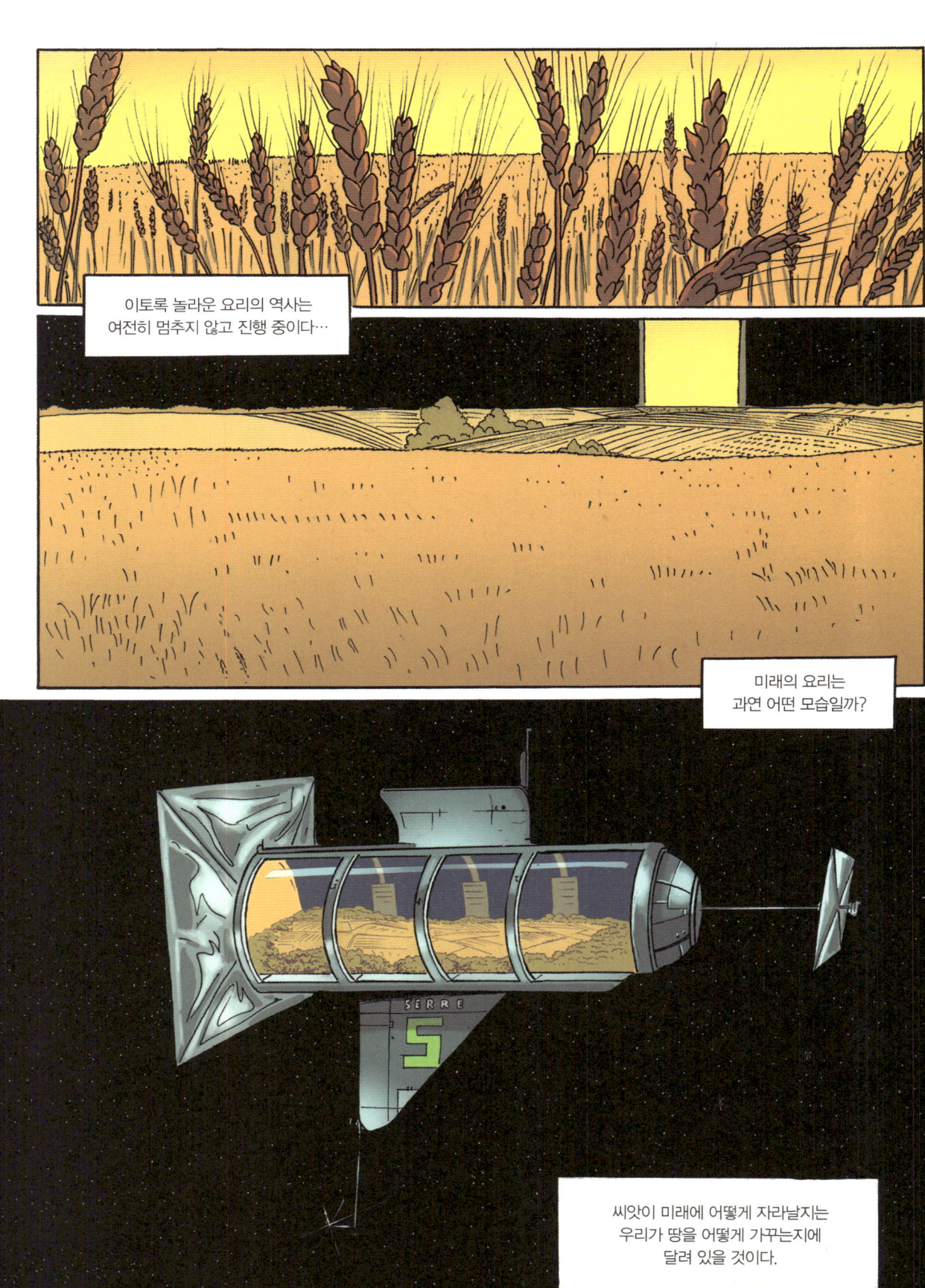

추천 레시피 모음

마지막으로 지금까지 살펴본 요리의 역사 속에 등장한 요리 가운데
집에서 시도해볼 만한 22가지 레시피를 소개한다.
초급 🏠, 중급 🏠🏠, 고급 🏠🏠🏠 세 난이도로 나누어 표시했다.
가장 최근 요리부터 옛날 옛적 요리까지,
요리의 기나긴 역사를 주방에서 조금이나마 직접 느껴볼 수 있을 것이다.
즐겁게 요리하고 맛있게 즐기길!

1.
냉장고 털이 수프 👨‍🍳
– 이탈리아

이탈리아 중부 갈레아타에서 슬로푸드 레스토랑을 운영하는 캄파나라 부부가 내놓은
우리 시대에 꼭 필요한 레시피. 이 요리의 핵심은 음식물 쓰레기를 최대한 줄이는 데 있다.

- 당근, 양파, 양배추, 무, 회향, 셀러리, 감자 등 갖가지 야채를 손질할 때 생긴 껍질, 가지, 줄기, 기타 등등을 1kg 정도 모은다.
- 파를 다져 올리브기름에 볶은 뒤 야채를 큼지막하게 썰어 넣는다.
- 물 1L를 붓고 센 불에서 30분간 끓인다.
- 소금과 후추로 간을 맞추고 식감이 부드러워질 때까지 충분히 간다.
- 튀긴 파와 마늘 크루통을 미리 준비해서 따뜻할 때 먹는다!

재료: 3인분

각종 야채 껍질 1kg
파 1단
버진 올리브기름
마늘 크루통
소금
후추

2.
비건 햄버거 🍳🍳
– 영국

동물 단백질 소비에 반대하는 비건 운동은 영국에서 처음 등장해 널리 퍼졌다.
비건 운동의 발상지 영국에서는 당연하게도 많은 사람이 육류를 대체한 레시피를 즐긴다.

- 병아리콩과 강낭콩을 함께 포슬포슬하게 간다.
  이때 고운 가루가 되지 않도록 주의한다. 여기에 고수, 건조 세이지, 강황, 커민가루, 마살라 향신료, 파프리카, 고춧가루 순한 맛을 더한 뒤 소금, 후추, 귀리, 순두부와 빵가루를 넣고 반죽한다.
- 잘 섞이도록 반죽하고 비건 스테이크 패티를 2cm 두께로 여러 장 만들어 올리브기름에 부서지지 않도록 살살 굽는다.
- 동시에 적양파, 초록 피망, 당근, 마늘을 씻고 잘게 썰어 양파와 마늘부터 올리브기름에 5분간 볶는다.
- 햄버거 빵을 굽고 비건 전문 슈퍼에서 찾을 수 있는 비건 슬라이스 치즈와 양상추, 야채, 비건 스테이크를 쌓는다.
- 손에 들고 즐긴다!

재료: 5인분

햄버거 빵
비건 슬라이스 치즈
양상추
적양파 1개
초록 피망 1개
당근 1개
마늘 3쪽
(통조림, 물기 뺀) 병아리콩 250g
(통조림, 물기 뺀) 강낭콩 250g
고수 1큰술
건조 세이지 1작은술
강황 ½작은술
커민가루 1작은술
(고추 빠진) 마살라 향신료 ½작은술
파프리카 1작은술
고춧가루 순한 맛 1작은술
귀리 240mL
순두부 120g
빵가루 240mL
올리브기름
소금
후추

3.
시카고 핫도그 🎩🎩
– 미국

너무나 유명한 미국의 '뜨거운 강아지'는 브루클린의 독일인 이민자 손에서 처음 탄생했다.
미국에서 육류를 가장 많이 소비하는 시카고 주민들이 브루클린 레시피를 전수하여
약간 더 복잡하지만 조금 더 맛있게 풀었다.

- 오이, 초록 피망, 빨간 피망을 깍둑썰기해 굵은 소금에 절여 냉장고에 4시간 정도 두었다가 물기를 뺀다.
- 물기를 짜고 헹군 다음 식초, 설탕, 겨잣가루와 함께 냄비에 넣고 야채가 부드러워질 때까지 끓인다. 이때 완전히 뭉개지지 않도록 주의한다. (처트니 소스 준비 완료.)
- 새콤달콤한 피클은 세로로, 양파와 할라페뇨 고추는 둥글게, 토마토는 4등분해 자른다.
- 소고기로 만든 프랑크푸르트 소시지(크낙부어스트)를 삶고 양귀비씨가 들어간 브리오슈 빵을 찐다.
- 빵에 소시지를 끼워 넣고 소시지에 미국식 머스터드 소스를 뿌린 뒤 생양파를 더한다. 그런 다음 한쪽에는 토마토, 다른 한쪽에는 피클을 끼우고 처트니 소스를 전체에 끼얹는다. 마무리로 셀러리 소금을 한 꼬집 뿌린다.
- 손에 들고 즐긴다!

재료: 4인분

양귀비씨 들어간 핫도그 빵 4개
소고기 프랑크푸르트 소시지 4개
오이 1개
초록 피망 1개
빨간 피망 1개
새콤달콤 피클 4개
양파 1개
토마토 1개
작은 할라페뇨 고추 1개
식초 200mL
설탕 200mg
겨잣가루 1작은술
미국식 머스터드 소스
셀러리 소금
굵은 소금
후추

4.
차오멘
– 중국

광활한 중국에서 가장 인기 있는 대중 요리.
차오멘은 전 세계 모든 중국 식당에서 맛볼 수 있는 볶음면을 대표한다.

- 큰 그릇에 닭가슴살을 썰어 넣고 신선한 생강, 다진 마늘, 다진 고수, 간장, 굴소스로 양념을 만들어 잘 버무린 뒤 냉장고에서 1시간 재운다. 그다음 프라이팬에 올리브기름을 두르고 닭고기가 익을 때까지 약 10분 정도 볶는다.
- 닭고기를 볶은 프라이팬에 표고버섯과 함께 당근은 둥글게, 배추는 채 썰어 넣고 5분간 같이 볶다가 물 250mL를 넣고 15분간 끓인다.
- 미리 물에 갠 옥수수 전분으로 소스를 걸쭉하게 만들어 몇 분 더 끓인다.
- (기호에 따라) 중국 소면을 삶아 준비한 소스를 붓고 참깨를 뿌린다.
- 젓가락으로 먹는다!

재료: 4인분

중국 소면
닭가슴살 400g
신선한 생강 1cm
마늘 1쪽
고수 8장
당근 2개
배추 ¼개
표고버섯 100g
간장 2큰술
굴소스 1큰술
옥수수 전분 2큰술
참깨
올리브기름

5.
신시내티 칠리 🎩🎩
– 미국

기력을 돋우는 이 요리는 미국 오하이오주에서 인기가 많은 반면 유럽에는 잘 알려지지 않았다. 멕시코 칠리 콘 카르네의 북미 버전으로 4가지로 응용해 맛볼 수 있다.

- 큰 냄비에 해바라기기름을 넉넉히 두르고 양파와 다진 마늘을 갈변할 때까지 볶다가 다진 소고기 1kg을 넣고 나무 주걱으로 잘 으깬다.
- 그다음 칠리가루, 커민가루, 계핏가루, 올스파이스가루, 정향, 육두구, 파프리카가루를 넣고 5분 정도 익힌다.
- 센 불에서 화이트 와인 식초와 우스터 소스로 냄비에 있는 즙을 희석한다.
- 여기에 물 750mL, 토마토소스, 통조림이나 신선한 토마토, 월계수 잎을 넣고 자주 저어가며 2시간 동안 익힌다.
- 월계수 잎을 빼고 소금과 후추, 우스터 소스를 조금씩 더해 간을 맞춘다.
    - 첫 번째 응용: 알덴테로 익힌 스파게티에 이 칠리소스를 부어 먹는다.
    - 두 번째 응용: 스파게티 위에 치즈를 갈아 한 겹 얹어 먹는다.
    - 세 번째 응용: 그 위에 다진 양파를 더한다.
    - 네 번째 응용: 그 위에 강낭콩을 추가한다.
- 각자 접시에 담아 즐긴다!

재료: 5인분

해바라기기름 30mL
큰 양파 1개
마늘 2쪽
다진 소고기 1kg
화이트 와인 식초 30mL
우스터 소스 15mL
토마토 농축 소스 300mL
(통조림이나) 신선한 토마토 400g
월계수 잎 2장
칠리가루 2큰술
커민 1작은술
계피 1작은술
파프리카 1작은술
올스파이스 ½작은술
육두구 ½작은술
정향 3개
소금
후추

6.
생선 세비체 👨‍🍳👨‍🍳
– 페루

풍부한 미식 문화를 자랑하는 미식 천국 페루에서 탄생한 요리.
날생선이 들어가는 이 섬세한 요리는 전 세계의 세련된 식탁에서 한자리를 차지하고 있다.

- 고구마는 3등분하고 옥수수는 토막 내 물에 삶는다.
- 도미, 숭어, 농어 같은 흰 살 또는 붉은 살 생선은 3cm 정도로 깍둑썰기하고 적양파는 채 썰어 준비한다.
- 큰 그릇에 라임 10개를 짜고
  여기에 다진 마늘, 다진 고추, 생강, 소금, 후추를 더한다.
- 준비한 소스에 생선과 양파를 5분간 담가두었다가
  생선살이 소스를 흡수해 붉어질 때까지 잘 섞는다.
- 생선살과 양파를 접시 중앙에 담고 고구마, 옥수수, 상추를 곁들인다.
- 숟가락으로 먹는다!

재료: 5인용

고구마 400g
옥수수 500g
흰 살 또는 붉은 살 생선 1kg
적양파 500g
라임 10개
마늘 2쪽
고추 1개
생강 1큰술
상추
소금
후추

7.
홈메이드 케첩 👨‍🍳
– 미국

아시아에서 영감을 받은 미국인의 손에서 탄생한 세계적인 머스트 해브 소스.
모든 간단 요리에 곁들일 수 있는 만들기 쉬운 만능 소스다.

- ☐ 양파, 잘 익은 신선한 토마토, 마늘의 껍질을 벗기고 씻어서 깍둑썰기한다.
- ☐ 커다란 냄비에 올리브기름을 두르고 먼저 양파를 10분간 볶은 뒤 토마토와 마늘을 더해 30분간 약한 불에 끓인다.
- ☐ 재료가 익을 동안 냄비에 레드 와인 식초, 흑설탕, 겨자, 정향, 소금, 후추, 커민, 파프리카가루를 더한다.
- ☐ 믹서기에 갈아 소스를 매끄럽게 만든다.
- ☐ 병에 담아 냉장 보관해두고 몇 달 동안 맘껏 쓴다!

재료: 보관용 소스 700mL 분량

양파 4개
토마토 1.5kg
마늘 5쪽
레드 와인 식초 150mL
흑설탕 150g
겨자 4작은술
커민 ½작은술
파프리카 ½작은술
정향 2개
올리브기름
소금
후추

8.
감자를 곁들인 청어 요리 🧑‍🍳
– 프랑스

검소하지만 영양가 풍부한 노르망디 지방 특선 요리. 프랑스 페캉 부두 노동자들이 즐겨 먹던 이 요리는 이제 파리의 유명하고 세련된 레스토랑 하면 제일 먼저 떠오르는 요리가 되었다.

- ☐ 차가운 소금물을 채운 냄비에 큼지막한 감자(노란색에 과육이 단단한 샬럿 감자 추천)를 넣고 30분간 삶은 뒤 물을 버리고 먹기 좋게 자른다.
- ☐ 햇양파를 둥글게 썰고 고리를 분리한다.
- ☐ 대접에 화이트 와인 식초, 소금, 후추, 사과주스, 해바라기기름, 사각썰기한 미니양파를 섞는다.
- ☐ 청어살을 접시에 펼치고 섞어둔 고명을 얹은 뒤 양파링과 다진 쪽파로 장식한다.
- ☐ 마지막으로 후추를 치고 즐긴다!

재료: 2인분

청어살 4쪽
감자 4개
햇양파 2개
미니양파 1개
화이트 와인 식초 1큰술
사과주스 1큰술
해바라기기름 2큰술
쪽파
소금
후추

9.
발렌시아 믹스 파에야 🍳🍳🍳
– 스페인

전 세계적으로 유명한 이 요리는 다양하게 변형할 수 있지만 스페인 발렌시아 지방 원조 레시피는 사실 매우 엄격하다. 발렌시아에서는 파에야를 만들 때 반드시 먼 옛날 아랍 점령 시기부터 생산해온 유명한 봄바쌀을 쓴다.

- 장작불을 땔 수 있는 가마가 없는 경우, 야외에 불을 피우고 크고 평평한 파에야용 냄비를 삼각대에 올린다.
- 올리브기름에 왕새우, 토막 낸 오징어, 갑오징어를 10분 정도 약한 불에서 익힌 뒤 그늘에 둔다.
- 다시 기름을 두르고 정육점에서 파에야용으로 작게 잘라 온 닭고기, 돼지고기, 토끼고기, 채를 썬 붉은 피망, 껍질 벗긴 신선한 완두콩, 납작콩, 전날부터 물기를 제거한 리마콩, 다진 마늘, 으깬 토마토나 통조림 토마토를 몇 분 정도 간격을 두고 하나씩 차례대로 넣어 볶는다.
- 15분 정도 익힌 뒤 육수 3리터를 미리 준비해 붓는다. (육수는 닭고기와 생선을 넣고 끓이거나 간단히 닭, 생선, 야채 스톡을 끓여 준비한다.)
- 센 불에서 몇 분 끓인 뒤에 봄바쌀을 십자 형태로 추가한다.
- 쌀과 재료를 섞고 오징어와 갑오징어를 추가해 계속 끓인다.
- 10분 뒤 불 세기를 낮추고 깨끗하게 씻은 홍합을 하나씩 던져 넣는다.
- 더 이상 섞지 않은 채 홍합이 벌어질 때까지 10분 더 익힌다.
- 냄비에 왕새우를 둥글게 올리고 불은 끈 다음 신문지를 덮어 김이 빠져나가지 않도록 한다.
- 맛이 골고루 배도록 20분 동안 둔다.
- 오후 3시쯤 맛본다!

재료: 10인분

왕새우 10개
오징어 500g
갑오징어 500g
닭고기 350g
돼지고기 350g
토끼고기 350g
붉은 피망 2개
완두콩 500g
납작콩 500g
리마콩 300g
마늘 10쪽
(통조림이나) 토마토 4개
홈메이드 육수 3L
봄바쌀 1kg
홍합 500g
올리브기름

10.
피시앤칩스 🧑‍🍳🧑‍🍳
– 영국

포르투갈 감자튀김의 후계자. 오늘날 피시앤칩스는 전 세계 모든 사람의 접시에 안착했지만 19세기 영국에서는 1세대 공장 노동자들이 점심에 즐겨 찾는 요리였다.

- 맥주 250mL 한 잔과 밀가루 같은 양을 큰 대접에 붓고 잘 섞은 뒤 달걀노른자 2개를 더해 반죽을 완성한다.
- 달걀흰자를 휘저어 케이크를 만들 때처럼 반죽 위에 살짝 끼얹는다.
- 크고 단단하며 두꺼운 흰 살 생선 2장에 반죽을 넉넉히 묻힌다. 생선은 대구, 훈제 대구, 넙치가 좋으며, 냉동 생선이 아닌 신선한 생선을 쓰도록 한다.
- 반죽을 충분히 적신 생선살을 170도 기름에 10분 이내로 튀긴다. 주의 사항! 튀김기 바닥에 반죽이 떨어져나가지 않도록 생선을 나무 숟가락 2개로 세워 튀기기 시작한다.
- 튀김옷이 노릇노릇해지면 조심스럽게 건져서 수제 감자튀김, 샐러드, 특제 마요네즈(달걀노른자, 겨자, 소금, 식초, 케이퍼나 피클 조각을 섞어 준비)와 함께 바로 먹는다.
- 손으로 즐긴다!

재료: 2인분

흰 살 생선 2장
맥주 250mL
밀가루 250mL
달걀 2개
해바라기기름

11.
보빌리에의 다진 멧도요 크루스타드 👨‍🍳👨‍🍳👨‍🍳
– 프랑스

파리 레스토랑계의 위대한 선구자 앙투안 보빌리에가 발명한 요리.
절대왕정이 무너질 때 맛있는 냄새를 풍기며 등장한 프랑스 현대 요리다.

- 미리 꼬치에 끼워 구운 멧도요 3마리의 살코기를 잘게 다지고 남은 뼈와 내장은 그릇에 담아 으깬다. 이때 껍질과 모래주머니는 쓰지 않는다.
- 미니양파 3개를 다져 화이트 와인 한 잔과 함께 큰 냄비에서 끓이다가 식재료 전문점에서 구매한 스페인 소스를 4국자 넉넉히 더한다.
- 준비한 소스에 으깬 뼈와 내장을 더하고 부글부글 끓어오르지 않도록 주의하며 계속 가열한다. 내용물 모두를 헝겊에 부어 즙을 짜낸 뒤 찌꺼기는 버리고 즙만 냄비에 다시 넣어 끓인다.
- 단면이 8cm 되는 큼지막한 빵(크루스타드) 9장을 준비해 버터에 굽는다.
- 다진 살코기를 소스에 넣고 버터를 추가해 약한 불에 데운다.
- 접시에 크루스타드를 올리고 가운데를 파낸 뒤 준비한 재료로 속을 채운다.
- 크루스타드에 수란을 올려 모자처럼 장식한다.
- 바로 먹는다!

재료: 3인분

큰 덩어리 빵 300g
멧도요 3마리
화이트 와인 150mL
미니양파 3개
버터 125g
스페인 소스(갈색 루, 갈색 스톡, 생토마토, 버섯, 당근, 타임, 월계수 잎, 베이컨, 양파)

12.
아즈텍 타코
– 멕시코

메소아메리카의 가장 대표적인 요리. 아즈텍 문명의 식탁에서 출발한 타코는 시간을 가로질러 멕시코 요리 하면 제일 먼저 떠오르는 음식으로 부상했다.

- 마사가루(닉스타말화 과정을 거친 옥수숫가루)와 물을 섞어 5분 동안 손으로 부드럽게 반죽한다.
- 반죽이 하나로 뭉쳐 단단해지면 6등분해서 골프공보다 좀 더 큰 공 6개(각각 40~45그램)로 만든다.
- 나무 도마 두 장이나 가지고 있는 도구로 반죽한 공을 세게 눌러 납작하게 만든다. 일반적으로 아즈텍 토르티야는 직경이 15cm, 두께가 3mm 정도 된다.
- 토르티야를 부드럽게 즐길 수 있도록 눌어붙지 않는 프라이팬에 각 면을 몇 초씩 빠르게 굽는다.
- 1시간 이내에 원하는 야채, 고추, 고기를 올린다.
- 원뿔 모양으로 접어 손에 들고 즐긴다!

재료: 토르티야 6인분

마사가루 170g
물 230mL

13.
마렝고 치킨 🎩🎩
– 프랑스

승전고를 울린 날 저녁, 나폴레옹을 위해 갑작스레 탄생한 요리.
놀라울 만큼 오래 살아남아 프랑스 부르주아 미식 유산을 대표하는 요리가 되었다.

- 닭 1마리를 잘라 해바라기기름과 버터 두 조각을 두른 냄비에서 굽는다.
- 익힌 닭고기를 따로 꺼내두고 냄비에 큼지막하게 썬 양파를 굽는다.
- 거칠게 으깬 토마토와 파슬리나 고수 등 원하는 허브를 더한 뒤 센 불에서 몇 분간 익히고 닭고기를 다시 냄비에 넣는다.
- 다른 냄비에 닭고기 육수, 화이트 와인, 밀가루로 마렝고 소스를 준비해 10분간 졸인다.
- 소스를 닭고기가 든 냄비에 붓고 1시간 동안 약한 불에 익힌다.
- 양송이버섯을 추가해 15분 더 익힌다.
- 감자와 함께 즐긴다!

재료: 4인분

닭 1마리
양파 1개
큼지막한 토마토 4개
양송이버섯 6개
닭 육수 250mL
화이트 와인 250mL
밀가루 1작은술
해바라기기름
허브
버터

14.
마페 소스를 곁들인 카사바—플랜틴 바나나 푸푸 🍳
– 코트디부아르

오랜 역사를 자랑하는 식욕 증진용 서아프리카 일품 요리.
입에서 입으로 전해진 적도 지역 요리로 한번 맛보면 빠져나올 수 없다.

- 플랜틴 바나나와 아프리카 식재료 전문점에서 구매한 카사바 뿌리 조각을 큰 냄비에 넣고 부드러워질 때까지 20~30분 정도 끓인다.
- 물기를 빼고 재료를 그릇에 옮긴 뒤 절구에 빻는다.
- 원만큼 단단해질 때까지 카사바가루를 더해가며 터니스공 크기만 한 반죽을 만든다.
- 양파를 갈변할 때까지 볶다가 으깬 토마토와 땅콩 페이스트를 넣고 갈색이 되도록 만든 뒤 물을 추가하고 약 20분 정도 끓여 소스를 준비한다. 준비한 반죽을 마페 소스와 함께 따뜻할 때 먹는다.
- 손으로 즐긴다!

재료: 2~4인분

땅콩 페이스트 850g
큰 플랜틴 바나나 6개
카사바 뿌리 1개
양파 2개
토마토 3개
카사바가루

15.
빈달루 돼지 요리 👨‍🍳👨‍🍳
– 인도

16세기에 인도가 포르투갈의 식민지였을 때 인도 남서쪽 가오 해안에서 탄생한 역사상 최초의 퓨전 요리. 말라바르 지방에서 많이 쓰는 강렬한 향신료와 포르투갈식 고기 요리법이 완벽한 조화를 이룬다.

- 계피, 정향 5개, 커민 씨앗, 후추, 고수 씨앗, 마늘, 간 생강, 강황, 양파, 말린 작은 고추 그리고 껍질을 벗긴 토마토도 잊지 말고 믹서기에 넣어 간다.
- 몇 분 뒤 식초나 레드 와인을 넣고 한 번 더 갈면 매우 고운 '마살라' 소스가 완성된다.
- 돼지고기 1kg을 사각썰기하고 굵은 소금에 고기를 문지른 뒤 마살라 소스와 섞어 2시간 동안 재운다.
- 재워둔 고기와 해바라기기름, 후추, 정향 2개를 큰 냄비에 넣고 고기가 갈색빛이 돌 때까지 볶다가 물 200mL를 더해 20분간 끓인다.
- 감자를 반으로 잘라 냄비에 넣고 약한 불에서 20분간 더 끓인다.
- 다진 고수 잎을 뿌린 밥이나 인도식 빵과 함께 먹는다!

재료: 5인분

돼지 1kg
양파 2개
마른 고추 2개
껍질 벗긴 토마토 400g
감자 5개
계피 1작은술
정향 7개
커민 씨앗 1큰술
후추 5알
고수 씨앗 1큰술
마늘 7쪽
생강 1큰술
강황 1작은술
식초나 레드 와인 50mL
굵은 소금
해바라기기름 3작은술
신선한 고수

16.
오야코돈부리 👨‍🍳👨‍🍳
– 일본

수 세기 동안 인기를 누려온 온 가족이 즐길 수 있는 일본 일품 요리.
비교적 쉽게 준비할 수 있지만 일본 요리의 기본을 엄격히 고수하는 것이 핵심이다.

- 큰 냄비에 가다랑어 분말로 다시 국물을 준비한 뒤 간장, 설탕 한 꼬집 그리고 일본 식재료 전문점에서 구할 수 있는 미림을 더하고, 끓기 시작하면 5분간 약한 불에 둔다.
- 여기에 다진 양파와 미리 한입 크기로 손질한 닭고기를 넣고 10분간 익힌다.
- 그릇에 달걀 2개를 풀어 프라이팬에 붓고 딱 2분만 익힌다.
- 김이 나는 요리를 미리 준비한 밥 위에 붓고 다진 쪽파를 뿌린다.
- 젓가락으로 즐긴다!

재료: 1인분

다시 국물 150mL
닭고기 200g
양파 1개
달걀 2개
미림 1큰술
간장 1큰술
설탕 1꼬집
갓 지은 밥
신선한 쪽파

17.
마에스트로 마르티노의 마카로니 🏠🏠
– 이탈리아

르네상스 시대 전설의 주방장이 이탈리아반도에 남긴 요리.
이 맛있는 파스타는 오늘날 전 세계 식탁에서 즐기는 요리가 되었다.

- 밀가루 1kg, 달걀흰자 4개, 장미수 100mL를 잘 섞는다.
- 반죽이 더 이상 주무르기 어려울 만큼 단단해질 때까지 잘 섞는다. 반죽이 무른 경우 밀가루를 더한다.
- 작은 막대기를 손에 쥐고 반죽을 민다. 이때 반죽이 한 뼘 길이에 긴 지푸라기 너비가 되도록 한다.
- 막대기 가운데를 철사로 감은 뒤 철사를 이용해 가운데가 빈 파스타를 만든다. 막대기는 나중에 빼낸다(마카로니의 어원은 나무 막대기를 의미한다).
- 여름 볕에 오래 말린다. 이렇게 만든 마카로니는 3년 동안 두고 먹을 수 있다.
- 고기 육수에 적어도 2시간 동안 익혀 먹는다.
- 오목한 접시에 담은 뒤 파마산 치즈를 듬뿍 갈아 얹고 고수, 계피, 커민과 같은 부드러운 향신료를 더해 즐긴다!

재료: 4인분

밀가루 1kg
달걀 4개
장미수 100mL

18.
칠성장어 파테 🎩🎩🎩
– 프랑스

프랑스 르네상스를 이끈 프랑수아 1세 시대에 귀족들이 자주 즐긴 풍미 가득한 요리.
중세의 성에서 영주들이 사냥한 고기, 향신료, 둥근 빵과 함께 즐겼다.

- 먼저 검게 태운 커다란 빵을 신 포도즙과 식초에 담가두었다가 잘게 부수어 냄비에 넣고 몇 분간 끓여 소스를 준비한다. 되직한 블랙소스 완성.
- 큰 칠성장어 2마리를 준비해 지느러미, 꼬리, 큰 가시는 모두 제거하고 토막 내서 유채기름에 구워 소금으로 간한다.
- 칠성장어에 블랙소스를 흠뻑 적신 뒤 오븐에서 최소 200도로 2시간 동안 굽는다.
- 식혀서 미지근하게 혹은 차갑게 즐긴다!

재료: 4인분

큼직한 둥근 빵
칠성장어 2마리
신 포도즙 300mL
와인 식초 300mL
유채기름

19.
소고기 플로프 🎩🎩
– 우즈베키스탄

중앙아시아에서 전통 축제 때 빠지지 않는 특선 요리.
플로프는 중국, 아랍, 러시아 전통이 어우러져 탄생한 요리 유산이다.

- 중간 크기 냄비에 해바라기기름을 두르고 잘게 썬 양파가 갈변할 때까지 볶는다.
- 10분 정도 양파를 볶은 뒤 서양에서 나는 주황색 당근과 아시아에서 나는 노란색 당근을 채 썰어 소고기와 함께 넣어 볶다가 물 1L를 붓는다.
- 15분간 끓이다 우즈베키스탄 쌀과 아침부터 불려둔 신선한 병아리콩을 더한다. 여기에 커민과 후추를 뿌리고 건포도도 넉넉히 한 줌 넣는다.
- 물이 얼마나 남았는지 확인해가며 필요한 경우 물을 추가해 약한 불에 20분 동안 둔다. 끓이는 동안에는 물 높이를 항상 1.5cm 정도로 유지한다.
- 밥이 물을 모두 흡수하고 나면 30분 정도 뜸 들였다 즐긴다!

재료: 6인분

병아리콩 250g
해바라기기름 250mL
큼직한 양파 3개
소고기 700g
주황색 당근 500g
노란색 당근 500g
우즈베키스탄 쌀 1kg
커민 3작은술
후추 3작은술
건포도 한 줌

20.
전통 빵 마자 🧑‍🍳
– 그리스

고대 그리스부터 먹기 시작해 오늘날에도 지중해 사람들이 즐겨 찾는 유명한 작은 빵.
준비하기 매우 쉽고 간단하다.

- 보리를 볶아 큰 대접에 옮겨 담고 여기에 올리브기름과 꿀을 더한다.
- 물 700mL를 천천히 부어가며 부드럽고 말랑말랑한 반죽을 완성해 냉장고에서 15분간 휴지시킨다.
- 작업대에 밀가루를 넉넉히 뿌리고 반죽이 아주 얇아질 때까지 밀대로 민다.
- 반죽을 원반 모양으로 잘라 예열해둔 오븐에서 200도로 15분간 굽는다. 중간에 한 번 뒤집어 양면이 노릇노릇해지도록 굽는다.
- 꾸덕꾸덕한 고체 꿀, 블랙 올리브, 산양 치즈, 화이트 와인과 함께 즐긴다!

재료: 6인분

볶은 보리 200g
올리브기름 2큰술
꿀 3큰술

21.
로마 가룸 🏠🏠🏠
– 이탈리아

고대에 가장 유명했던 조미료. 느억맘 소스가 오늘날 베트남 요리를 대표하며 부상하기 전에 로마 가룸은 전 세계에 다양한 형태로 있었다.

- 아래쪽에 배수 밸브가 있는 큰 병을 준비해 격자로 여과층을 만들고 그 위에 여과지나 무명천을 덮는다.
- 먼저 굵은 바닷소금으로 한 층을 만들고 신선한 생선(기호에 따라 멸치나 고등어를 씻거나 헹구지 않은 채로 사용한다)과 굵은 소금을 교차해가며 한 층씩 쌓아 올린다. 두꺼운 소금층으로 마무리하도록 한다.
- 각 층 사이에 뜨는 공간이 없도록 잘 눌러준다.
- 벽돌처럼 무거운 물건을 위에 올려 압력을 가한다. 이 상태로 며칠 동안 발효한다.
- 밸브를 열어 즙을 내려받아 병 안의 내용물에 다시 붓는다. 전보다 더 무거운 물건을 올려 압력을 높여준다.
- 실온에서 3개월간 숙성한다.
- 새 여과지나 무명천으로 전체를 여과해 즙을 얻는다.
- 어디에나 뿌려 먹을 수 있고 유통기한이 따로 없는 최고의 소스. 1세대 가룸 완성!

재료: 소스 200mL 분량

(멸치나 고등어 등) 신선한 생선 1kg
굵은 바닷소금

22.
선사시대 고기 절임 🍳
– 프랑스

자연주의 시인이자 작가였던 조제프 델타이가 《선사시대 요리》에서 이 요리를 자세히 소개했다. 이 요리와 함께 우리 조상이 살았던 아주 오랜 옛날, 수렵 채집 시대로 순간 이동 해보자.

- 통통한 오리 1마리를 잡아 털을 뽑고 토막 내 다리살, 허벅지살, 가슴살을 준비한다.
- 장작불에 가마솥을 얹고 물 1컵을 부은 뒤 고깃덩어리를 1시간 반 동안 약한 불로 익힌다.
- 고깃덩어리가 익어서 줄어들면 식힌 다음 밀봉할 수 있는 큰 유리병에(비록 1만 5천 년 전에는 없던 물건이지만…) 소금을 뿌려가며 고기를 층층이 쌓고 세게 누른 다음 마지막 층은 신선한 동물성 지방으로 덮는다.
- 3개월 뒤 꺼내 그냥 먹거나 익혀서 즐긴다!

재료: 2인분

암컷 오리 1마리
물 1컵
소금

참고문헌

- Alexandre Dumas, *Grand dictionnaire de cuisine*, Alphonse Lemerre éditeur, 1873. (한국어판: 《뒤마 요리사전》, 봄아필, 2014)

- Antoine Beauvilliers, *L'Art du cuisinier*, tome 1, 1814.

- Apicius, *L'Art culinaire* (traduction et commentaires Jacques André), Les Belles Lettres, 1974. (한국어판: 《데 레 코퀴나리아: 로마 요리에 대하여》, 우물이있는집, 2018)

- Auguste Chevalier, Ce que l'Amérique a donné à l'Ancien Monde, *Journal d'agriculture traditionnelle et de botanique appliquée*, n° 178, 1936.

- Benoist Simmat et Daniel Casanave, *L'Incroyable Histoire du vin*, Les Arènes BD, 2018, réédition 2021. (한국어판: 《만화로 배우는 와인의 역사》, 한빛비즈, 2019)

- Benoist Simmat et Mathieu Burniat, *Les Illustres de la table*, Dargaud, 2016.

- Bernardino de Sahagún, *Codex de Florence, ou Histoire générale des choses de la Nouvelle Espagne*, 1558-1577.

- Bruno Laurioux, De l'usage des épices dans l'alimentation médiévale, *Médiévales*, n° 5, 1983.

- Bruno Laurioux, *Le Moyen Âge à table*, Adam Biro, 1989.

- Bruno Laurioux, Le prince des cuisiniers et le cuisinier des princes: nouveaux documents sur maestro Martino, *Médiévales*, n° 45, 2005.

- Catherine Perlès, Les origines de la cuisine, *Communications*, n° 31, 1979.

- Cécile Cazenave, Le steak haché passe à la moulinette de l'histoire, *Terra eco*, 30 mai 2013.

- Christian Millau, *Dictionnaire amoureux de la gastronomie*, Plon, 2008.

- Curnonsky, *Souvenirs littéraires et gastronomiques*, Albin Michel, 1958.
- David Waines, "Murri": The tale of a condiment, *Al-Qantara* (Madrid), vol. 12, n° 2, 1991.
- David Waines, *La Cuisine des califes*, Sindbad–Actes Sud, 1998.
- Emmanuel Rubin, avec Aymeric Mantoux, *Délices d'initiés. Dictionnaire rock, historique et politique de la gastronomie*, Don Quichotte, 2012.
- Francis Joannès, L'alimentation des élites mésopotamiennes: nourriture du roi, nourriture des dieux, *Actes du 18ᵉ colloque de la Villa Kérylos à Beaulieu-sur-Mer*, Publications de l'Academie des Inscriptions et Belles-Lettres, 2008.
- Françoise Sabban, Cuisine à la cour de l'empereur de Chine: les aspects culinaires de Yinshan Zhengyao de Hu Sihui, *Médiévales*, n° 5, 1983.
- Georges Ohsawa, *Le Zen macrobiotique, ou l'Art du rajeunissement et de la longévité*, Librairie philosophique Jean Vrin, 1986.
- Gregory Blue, Marco Polo et les pâtes, *Médiévales*, n° 20, 1991.
- Hugh Johnson, *Une histoire mondiale du vin. De l'Antiquité à nos jours*, Hachette, 1990.
- Jacques Attali, *Histoires de l'alimentation. De quoi manger est-il le nom?*, Fayard, 2019.
- Jacques Paviot, Des festivités inouïes, *Histoire et Images médiévales. Guerre et faste*, 2009, p. 44–51.
- Janick Auberger, *Manger en Grèce classique*, Presses de l'Université Laval, 2010.
- Jean Anthelme Brillat-Savarin, *Physiologie du goût, ou Méditations de gastronomie transcendante*, 1825. (한국어판:《브리야 사바랭의 미식 예찬》, 르네상스, 2004)
- Jean Bottéro, *La Plus Vieille Cuisine du monde*, Seuil, 2006.
- Jean-Louis Flandrin et Massimo Montanari (dir.), *Histoire de l'alimentation*, Fayard, 1996.
- Jeanne Allard, La cuisine espagnole au Siècle d'or, *Mélanges de la Casa de Velázquez*, n° 24, 1988.
- Joseph Delteil, *La Cuisine paléolithique*, Éditions de Paris, 2007.
- Laurent Stefanini (dir.), *À la table des diplomates*, L'Iconoclaste, 2016.
- Liliane Plouvier, À la table du roi Hammurabi de Babylone, *Papilles*, n° 33, Éditions Virgile, 2009.

- Liliane Plouvier, Moyen Âge gourmand, V^e–XIIIe siècles, *Histoire et images médiévales*, n°18, 2009.
- Lucie Bolens, La cuisine d'Al-Andalus, les saveurs du partage, *La Pensée de midi*, n° 3, 2000.
- Manuela Marin, Cuisine d'Orient, cuisine d'Occident, *Médiévales*, n° 33, 1997.
- Marie-Josèphe Moncorgé, *La Méditerranée à table, une longue histoire commune*, tomes 1 et 2, Tambao, 2013.
- Marin Wagda, Quand le maïs conquiert l'Amérique, *Hommes & Migrations*, n° 1238, 2002.
- Marshall Sahlins, *Âge de pierre, âge d'abondance. L'économie des sociétés primitives*, Gallimard, 1976. (한국어판: 《석기시대 경제학》, 한울, 2014)
- Martine Leguilloux, À propos de la charcuterie en Gaule romaine: un exemple à Aix-en-Provence, *Gallia*, n° 54, 1997.
- Massimo Montanari, Note sur l'histoire des pâtes en Italie, *Médiévales*, n°s 16–17, 1989.
- Michel Guérard, *La Grande Cuisine minceur*, Robert Laffont, 1976.
- Odile Redon, Bruno Laurioux, La constitution d'une nouvelle catégorie culinaire? Les pâtes dans les livres de cuisine italiens de la fin du Moyen Âge, *Médiévales*, n°s 16–17, 1989.
- Patrick Rambourg, La restauration, une avancée révolutionnaire, *Historia*, n° 788, 2012.
- Paul Ariès, *Une histoire politique de l'alimentation. Du paléolitique à nos jours*, Max Milo, 2016.
- Pierre Guichard, Alimentation et cuisine en al-Andalus, *Actes du 18e colloque de la Villa Kérylos à Beaulieu-sur-Mer*, Publications de l'Académie des Inscriptions et Belles-Lettres, 2008.
- Pierre Jancou, textes: François Simon; photographies: Martin Bruno, *La Table vivante*, Skira, 2015.
- Pierre Tallet, Une boisson destinée aux élites: le vin en Égypte ancienne, *Actes du 18e colloque de la Villa Kérylos à Beaulieu-sur-Mer*, Publications de l'Académie des Inscriptions et Belles-Lettres, 2008.